Alev Tekinay

GÜNAYDIN Teil 2 Schlüssel

T0161675

Alev Tekinay

unter Mitwirkung von Osman Tekinay

GÜNAYDIN

Einführung in die moderne türkische Sprache

Teil 2
Türkisch für Fortgeschrittene
Schlüssel und Wörterverzeichnis

Reichert Verlag Wiesbaden

Bibliografische Information Der Deutschen Bibliothek
Die Deutsche Bibliothek verzeichnet diese Publikation in der Deutschen Nationalbibliografie;
detaillierte bibliografische Daten sind im Internet
über http://dnb.ddb.de abrufbar.

© 2005 Dr. Ludwig Reichert Verlag Wiesbaden
2. Auflage
ISBN: 978-3-89500-446-9
www.reichert-verlag.de
Druck: Memminger MedienCentrum AG
Printed in Germany

Inhaltsverzeichnis

Zu diesem Buch

Das vorliegende Begleitheft zum Türkisch-Lehrwerk *Günaydın 2* besteht aus zwei Teilen.

Der erste Teil enthält die Übersetzung aller Texte und Dialoge (A) sowie den Schlüssel der Übungen (B) der Lektionen 1 bis 10, der zweite Teil, das Wörterverzeichnis, beinhaltet den Gesamtwortschatz von *Günaydın 2*.

Übersetzung der Texte und Dialoge, Schlüssel der Übungen

S a) — Wo sollen wir den Stuhl hinstellen?
— Wir wollen (ihn) neben den Schrank stellen.
— Wo steht der Stuhl jetzt?
— Neben dem Schrank.

b) — Wo ist das Postamt?
— Gegenüber dem Bahnhof.
— Wo ist das Rathaus?
— In der Mitte der Stadt.
— Wo sind die Stadtmauern?
— Um die Stadt.

c) — Hast du Geld dabei?
— Nein, ich habe kein Geld dabei. Ich habe kein Geld mitgenommen.
— Haben wir Zigaretten dabei?
— Natürlich, wir nehmen immer Zigaretten mit.

D **Meine Geldtasche ist verschwunden**

— O je, ich habe meine Geldtasche verloren.
— Wo hast du (sie) verloren?
— In der Küche.
— Los, komm, laß uns suchen. Ob sie wohl unter dem Kühlschrank ist?
— Nein, dort ist sie nicht.
— Oder ist sie im Obstteller?
— Dort ist sie auch nicht.
— Vielleicht ist sie unter dem Eßtisch.
— Nein, dort ist sie auch nicht.
— Ist sie auch nicht neben dem Brotkorb?
— Dort ist sie auch nicht.
— Ach Gott, vielleicht ist sie zwischen den Tellern.
— Ja, meine Geldtasche ist wirklich zwischen den Tellern. Wie hast du's gewußt?

T 1 **Wir richten uns in unserer Wohnung ein**

Wir richten uns in unserer Wohnung ein. Das hier ist das Wohnzimmer. Die Mutter stellt den Sessel neben das Sofa. Der Vater stellt das Bücherregal hinter das Sofa. Der Onkel hängt die Lampe an die Decke über den Tisch. Die Tante legt auf den Boden unter das Sofa einen kleinen Teppich und stellt einen Couchtisch vor das Sofa. Der Onkel hängt den Käfig über den Fernseher. Die Tante hängt das Bild an die Wand. Necla stellt die Vase auf den Couchtisch. Necdet stellt die Blumen in die Vase. Die Tante stellt den Stuhl zwischen den Sessel und das Sofa. Der Vater stellt den Kühlschrank neben die Tür. Necdet stellt die Schreibmaschine auf den Tisch.

...

Hier ist unser Wohnzimmer: Der Sessel steht neben dem Sofa. Das Bücherregal ist hinter dem Sofa. Die Lampe hängt an der Decke über dem Tisch. Auf dem Boden unter dem Sofa gibt es einen kleinen Teppich. Das Bild hängt an der Wand. Der Käfig hängt über dem Fernseher. Die Vase ist auf dem Couchtisch, die Blumen sind in der Vase. Der Couchtisch ist vor dem Sofa, der Stuhl ist zwischen dem Sessel und dem Sofa. Der Kühlschrank ist neben der Tür. Die Schreibmaschine ist auf dem Tisch.

Unsere Nachbarn T 2

Neben uns wohnt die Familie Karagöz. Herr Karagöz arbeitet bei Siemens, Frau Karagöz ist Hausfrau. Ihre Kinder gehen in die Schule. Rechts von uns und links von uns gibt es kleine Etagenwohnungen. Dort wohnen Studenten. Uns gegenüber wohnt die Familie Braun. Herr Braun ist Ingenieur, Frau Braun ist Architektin. Dieter, der Sohn von Herrn und Frau Braun, wohnt nicht bei seiner Familie, er wohnt in einem Studentenheim. Über uns wohnt Frau Weber. Sie ist eine sehr gute Nachbarin von uns. Frau Weber ist eine alte Dame. Sie wohnt allein.
Im unteren Stock auf der rechten Seite wohnt unser Hausmeister, auf der linken Seite wohnt wiederum eine türkische Familie. Sie haben viele Kinder und hören sehr viel türkische Musik.
Wir lieben alle unsere Nachbarn im Mietshaus.

Ein Fußballspiel T 3

Der Ansager ruft aus dem Radio und aus dem Bildschirm der Fernseher: „Liebe (Hörerinnen und) Hörer, wir setzen die Live-Übertragung des Fußballspiels im Dolmabahçe-Stadion fort. Die Mannschaften sind auf das Spielfeld gekommen, die zweite Halbzeit hat begonnen. Fenerbahçe gegen Galatasaray. Vorläufig führt Fenerbahçe das Spiel zwei zu Null. Fatih und Turgay laufen nebeneinander vor den Zuschauerbühnen. O je, Turgay ist gestürzt, der Schiedsrichter pfiff auf seiner Pfeife, aber Gott sei Dank ist nichts Wichtiges. Turgay steht auf. Fatih ist jetzt gerade vor dem Tor und schießt auf den Ball. Der Torwart ist in die Luft gesprungen, aber er konnte den Ball nicht fangen, ja liebe Hörer, der Ball geht in das Tor, Tor, To-or, auf diese Weise schoß Fenerbahçe ihr drittes Tor.

T 4 **a) Der Ring des Nasreddin Hodscha**

Eines Tages verliert Nasreddin Hodscha seinen Ring. Er geht auf die Straße und beginnt, seinen Ring zu suchen. Seine Frau sieht ihn aus dem Fenster und ruft:
„Was suchst du, Hodscha Efendi?" Der Hodscha antwortet:
„Ich habe meinen Ring verloren, ihn suche ich." Darauf ruft seine Frau wieder:
„Wo hast du deinen Ring verloren?" Der Hodscha antwortet:
„Ich habe meinen Ring zu Hause verloren." Seine Frau wundert sich und fragt:
„Also warum suchst du dann deinen Ring nicht zu Hause, (sondern) auf der Straße?"
Und der Hodscha antwortet folgendermaßen:
„Zu Hause ist es dunkel, aber auf der Straße ist es hell."

T 4 **b) Ich war im Kaftan**

Eines Tages fragen die Nachbarn den Nasreddin Hodscha:
„Gestern abend haben wir in Ihrem Haus einen großen Krach gehört. Was war dieser Krach, Hodscha Efendi?"
Der Hodscha antwortet: „Mein Kaftan ist die Treppe runtergerollt."
Die Nachbarn wundern sich darüber und fragen wieder:
„Wie macht ein Kaftan aus Stoff einen so großen Lärm?"
Darauf gibt der Hodscha die Antwort: „Ich war im Kaftan (drin)."

Rätsel Ich habe ein Zimmer, in meinem Zimmer gibt es 32 Stühle und einen Teppich (Mund).

Sprichwort Die Birne fällt an die Unterseite des Baumes
(sinngemäß: Der Apfel fällt nicht weit vom Stamm).

1. Karikatur Wir haben einen Pauker engagiert, damit der Fahrer nicht einschläft.

2. Karikatur Kauf den Kindern einen Wasserball, damit wir diese Wassermelone essen (können).

1. Ali kitabı nereye koydu? Ali kitabı masanın üstüne koydu.
2. Gömlekleri nereye koydunuz? Gömlekleri dolabın içine koyduk.
3. Akın arabayı nereye koydu? Akın arabayı evin önüne koydu.
4. Çocuklar bisikleti nereye koydular? Çocuklar bisikleti evin arkasına koydular.
5. Öğrenciler çantayı nereye koydular? Öğrenciler çantayı masanın altına koydular.

Ü 1

1. Zühal mektubu çantanın içine koyuyor. Mektup şimdi çantanın içinde duruyor.
2. Semra koltuğu kanapenin yanına koyuyor. Koltuk şimdi kanapenin yanında duruyor.
3. Hakan bisikleti garajın önüne koyuyor. Bisiklet şimdi garajın önünde duruyor.
4. Michael çantayı masanın altına koyuyor. Çanta şimdi masanın altında duruyor.
5. Teyze vazoyu sehpanın üstüne koyuyor. Vazo şimdi sehpanın üstünde duruyor.
6. Necati dolabı koltuğun arkasına koyuyor. Dolap şimdi koltuğun arkasında duruyor.
7. Ayla masayı koltukla kanapenin arasına koyuyor. Masa şimdi koltukla kanapenin arasında duruyor.
8. Nuri arabayı garajın içine koyuyor. Araba şimdi garajın içinde duruyor.

Ü 2

1. ortasında / 2. yanında / 3. karşısında / 4. karşı / 5. etrafında / 6. karşı / 7. ortasında / 8. etrafında

Ü 3

1. Altında kim oturuyor? Altımda Braun Ailesi oturuyor.
2. Akın'ın karşısında kim oturuyor? Akın'ın karşısında Caner Ailesi oturuyor.
3. Sağımızda kim oturuyor? Sağımızda bir mühendis oturuyor.
4. Solunuzda kim oturuyor? Solumuzda Fahri Beyler oturuyor.
5. Yanında kim oturuyor? Yanımda öğrenciler oturuyor.

Ü 4

5

Ü 5

1. Yanımızda Türkçe sözlük var mı? Hayır, yanımıza Türkçe sözlük almadık.
2. Annenin yanında ekmek var mı? Hayır, anne yanına ekmek almadı.
3. Feray'ın yanında mayo var mı? Hayır, Feray yanına mayo almadı.
4. Tamer'in yanında sigara var mı? Hayır, Tamer yanına sigara almadı.
5. Yanınızda çakmak var mı? Hayır, yanıma (yanımıza) çakmak almadım (almadık).
6. Öğrencilerin yanında Türkçe gazete var mı? Hayır, öğrenciler yanlarına Türkçe gazete almadılar.

Ü 6

1. Necdet nerede oturuyor? / Ulm'a yakın oturuyor- Ulm'un yakınında oturuyor.
2. Arkadaşlar nerede oturuyor? / Postaneye bitişik oturuyorlar. − Postanenin bitişiğinde oturuyorlar.
3. Nerede oturuyorsun? / Bursa'ya yakın oturuyorum − Bursa'nın yakınında oturuyorum.
4. Fatma nerede oturuyor? / Okula bitişik oturuyor − Okulun bitişiğinde oturuyor.
5. Nerede oturuyorsunuz? / İstasyona yakın oturuyorum (oturuyoruz) − İstasyonun yakınında oturuyorum (oturuyoruz).

Ü 7

1. Emel resmi duvara asıyor. Resim şimdi duvarda asılı (duruyor).
2. Yanımızda şemsiye yok.
3. Aile masanın etrafında oturuyor ve çay içiyor.
4. Balıkçı kahvesi iskelenin (limanın) karşısında.
5. Mayolarımızı yanımıza aldık ve sahile gittik.
6. Kapalı Çarşı şehrin (kentin) ortasında, büyük caminin yanında.
7. Bay Uzunoğlu'nun büyük oğlu ailesinin yanında oturmuyor, bir öğrenci yurdunda kalıyor.

Ü 8

a) 1. Cengiz, memura Istanbul'a saat kaçta tren var diye soruyor.
2. Necla, bize üstümde Karagöz Ailesi oturuyor diye anlattı.
3. Karısı, Hoca'ya ne arıyorsun diye seslenir.
4. Hoca, yüzüğümü arıyorum diye cevap verir.
5. Spiker, Fenerbahçe üçüncü golünü attı diye bağırıyor.
6. Hoca, komşulara kaftanın içinde ben vardım diye anlatır.

b) 1. Ali bana „yarın sana geleyim mi?" diye sordu.
   2. Ali yarın bana gelsin mi diye sordu.
   3. Fatma'nın Gül adında bir kızı var.
   4. Arabayı ucuz diye aldı.
   5. Peter Türkçe öğreniyor diye duydum.
   6. Çocuklar ne zaman gelecek diye merak ediyoruz.
   7. Ahmet başı ağrıyor diye doktora gitti.
   8. Markus genç kalsın diye spor yapıyor.
   9. Türkçe öğreneyim diye bir Türkçe kitabı alıyorum.

Ü 9

1. Kayıp para çantası tabakların arasında.
2. Bay Karagöz Siemens'te çalışıyor.
3. Bay ve Bayan Braun'un oğlu Dieter öğrenci yurdunda oturuyor.
4. Nasreddin Hoca yüzüğünü evde kaybeder.
5. Ev karanlık diye Nasreddin Hoca yüzüğünü sokakta arar.
6. Dolmabahçe Stadyumu'ndaki maçta Fenerbahçe Galatasaray'a karşı oynuyor.
7. Fenerbahçe'nin üçüncü golünü Fatih atıyor.
8. Bay Braun mühendis, Bayan Braun mimar.

S   1. Hast du gehört, was alles passiert ist? (Klatsch und Tratsch)
   a) — Mualla soll einen neuen Pelz gekauft haben.
   — Fikret soll nach Amerika gefahren sein.
   — Nuri soll mit seinem Chef gestritten haben, er soll jetzt arbeitslos geworden sein.
   — Peter soll seinen Paß verloren haben.
   b) — Necdet soll krank (gewesen) sein.
   — Güler soll viel Geld (gehabt) haben.
   — Nuri soll jetzt keine Arbeit haben.
   — Peter soll ein neues Türkischbuch brauchen.
   2.   — Ayten sagt, Mualla habe einen neuen Pelz gekauft.
   — Nesrin sagt, Faruk sei nach Adana gefahren.
   — Zafer sagt, Peter habe in Bursa seinen Paß verloren.
   — Vural sagte, Feray habe heute nicht im Büro gearbeitet.
   3.   — Hat Sinan seine Familie in der Türkei anrufen können?
   — Nein, er soll das nicht gekonnt haben, denn die Leitung soll ständig belegt (gewesen) sein.
   4. a) — Wann kommt Peter?
   — Morgen um diese Zeit wird er schon gekommen sein.
   — Ist das Flugzeug gelandet?
   — Nein, aber in 20 Minuten wird (es) gelandet sein.
   b) — Ist Faruk in Adana angekommen?
   — Wahrscheinlich muß er angekommen sein.
   — Hat Sieglinde bei Feray vorbeigeschaut?
   — Wahrscheinlich muß sie vorbeigeschaut haben.
   5.   — Nuri kaufte zwei Autos, als ob er reich wäre.
   — Filiz ging früh schlafen, als ob sie müde wäre.

T   **Taubenprinz (Ein türkisches Märchen)**

Es war einmal ein reicher König in einem fernen Land. Dieser König hatte eine schöne Tochter. Eines Tages wollte der König seine Tochter verheiraten. Aus vielen Ländern kamen gut aussehende Prinzen, um die Prinzessin zu sehen, aber sie mochte diese nicht und wollte nicht heiraten. Der König ärgerte sich sehr darüber und jagte seine Tochter aus dem Palast fort. Die schöne Prinzessin verließ den Palast wie ein armes Mädchen, sie nahm nur ein Stück trockenes Brot und etwas Wasser mit. Tagelang ging sie über Stock und Stein und nach sieben Tagen schlief sie im Wald unter einem Baum vor Hunger und Durst ein. Es kam ein Zwerg und wollte sie wecken, aber die Prinzessin wachte nicht auf. Am nächsten Tag kam ein Riese, aber auch er konnte die Prinzessin nicht wecken. Dann kam eine Hexe und wollte die Prinzessin töten, aber eine Fee schützte das arme Mädchen. Nach sieben Tagen kam eine Taube und setzte sich auf einen Zweig des Baumes.

Plötzlich begann die Taube zu sprechen und rief der Prinzessin zu:
„Wach auf, schönes Mädchen." Die Prinzessin öffnete ihre Augen und
fragte die Taube: „Wer bist du?" „Ich bin ein verzauberter Prinz",
sprach die Taube, „heirate mich und brich den magischen Bann. Ich
werde dich zu meinem Palast bringen. Möchtest du mit mir kommen
und meine Frau werden?" „Ja", schrie die Prinzessin fröhlich. Dann
verwandelte sich die Taube in einen gut aussehenden Prinzen. In diesem
Augenblick fuhr dort eine Karawane vorüber und brachte sie in das
Land des Prinzen. Dort feierten sie vierzig Tage und vierzig Nächte
Hochzeit und lebten glücklich bis ans Ende ihres Lebens.

Eine Flugreise

T/D

Faruk muß nach Adana fahren. Um Zeit zu gewinnen, entschließt sich
Faruk, (mit dem Flugzeug) zu fliegen. Er ruft bei dem Büro der Türki-
schen Fluggesellschaft in Taksim an und fragt: „Haben Sie noch Plätze
frei?" Der Angestellte im Büro antwortet: „Wir haben keine direkte
Flugverbindung nach Adana, aber Sie können in Ankara umsteigen."
Faruk kauft ein Flugticket für die Ankara-Maschine, und am nächsten
Tag steigt er um acht Uhr am Atatürk-Flughafen in das Flugzeug ein.
Die Maschine fliegt pünktlich ab, und die Stewardeß sagt gleich an:
Achtung, Achtung, verehrte Fluggäste, es spricht Ihre Stewardeß.
Herzlich willkommen an Bord der Maschine DC 722 der Türki-
schen Fluggesellschaft. In einigen Minuten werden wir abfliegen. Bitte
drücken Sie Ihre Zigaretten aus, und schnallen Sie sich an. Ihr Kapitän
Ufuk Demirci und die ganze Besatzung wünschen Ihnen einen ange-
nehmen Flug. Nun zeige ich Ihnen die Sicherheitsmaßnahmen.
Nach dem Umsteigen in Ankara ...

Pilot: Achtung, Achtung, (hier) spricht Ihr Kapitän Ufuk Demir-
             ci. Wir fliegen gerade über dem Taurus Gebirge. Unsere
             Flughöhe beträgt 9 000 Meter; in Adana ist das Wetter
             warm und sonnig, die Temperatur beträgt 29 Grad.

Faruk: Frau Stewardeß, haben wir Verspätung?

Stewardeß: Nein, (mein Herr), wir werden in Adana pünktlich ankom-
             men. In 20 Minuten werden wir gelandet sein.

1. (wörtlich: Das Haus des Lügners ist niedergebrannt, niemand hat   **Sprichwörter**
   das geglaubt) /sinngemäß: Wer einmal lügt, dem glaubt man nicht,
   auch wenn er die Wahrheit spricht.
2. (wörtlich: Der Kochtopf ist hinuntergefallen (und) hat seinen
   Deckel gefunden) / sinngemäß: Jeder Topf findet einen Deckel.

1. Psst, Namık, wach auf, du hast dein Schlafmittel nicht genommen.   **Karikaturen**
2. Vater, du hast wieder deine Brille vergessen!
3. Mensch ... Auch Herr Hüsnü hat wohl einen Videorecorder gekauft.

Ü 1
1. Faruk uçakla Adana'ya gitmiş.
2. Hostes yolculara emniyet tedbirlerini göstermiş.
3. Adana'da hava güzelmiş, ısı 29 dereceymiş.
4. Sen dün iki tane lahmacun yemişsin ve ayran içmişsin.
5. Siz dün büroda çalışmışsınız.
6. Feray dün hastaymış, büroya gitmemiş.

Ü 2
1. Mualla kürk almış mı? Evet, almış / Hayır, almamış.
2. Öğrenciler Türk filmi görmüşler mi? / Evet, görmüşler /Hayır, görmemişler.
3. Mehmet Kars'taki akrabaları ziyaret etmiş mi? / Evet, etmiş / Hayır, etmemiş.
4. Faruk Adana'ya uçmuş mu? / Evet, uçmuş / Hayır, uçmamış.
5. Necla vazoyu masanın üstüne koymuş mu? / Evet, koymuş / Hayır, koymamış.
6. Nasreddin Hoca yüzüğü aramış mı? / Evet, aramış / Hayır, aramamış.

Ü 3
1. Nuri iş aramış, çünkü işsizmiş.
2. Feray büroya gitmemiş, çünkü hastaymış.
3. Nesrin çok yemek yemiş, çünkü açmış.
4. Siz yemek yememişsiniz, çünkü tokmuşsunuz.

Ü 4
Dün komşumuz Tomris Hanım bize uğradı ve anlattı. Mualla yeni bir kürk almış. Faruk uçakla Adana'ya gitmiş. Nuri şefiyle kavga etmiş ve işsiz kalmş. Feray hastaymış, büroya gitmemiş. Tomris Hanım'la çay içtik ve pasta yedik, çok güzel sohbet ettik. Sonra Tomris Hanım gitti, biz televizyon seyrettik. Haberlerde duyduk, bazı bölgelerde hava çok soğukmuş ve kar yağmış.

Ü 5
1. Tren kalktı mı? Hayır ama, birkaç dakika içinde kalkmış olacak.
2. Şef büroya geldi mi? Hayır ama, birkaç dakika içinde gelmiş olacak.
3. Tomris Hanım çay pişirdi mi? Hayır ama, birkaç dakika içinde pişirmiş olacak.
4. Vural kahvaltı etti mi? Hayır ama, birkaç dakika içinde etmiş olacak.
5. Nasreddin Hoca yüzüğünü buldu mu? Hayır ama, birkaç dakika içinde bulmuş olacak.
6. Konuklar geldi mi? Hayır ama, birkaç dakika içinde gelmiş olacaklar.

1. Tren geldi mi? Her halde gelmiş olmalı.
2. Şef büroya geldi mi? Her halde gelmiş olmalı.
3. Nesrin mektubu okudu mu? Herhalde okumuş olmalı.
4. Sieglinde Türkoloji okudu mu? Her halde okumuş olmalı.
5. Nasreddin Hoca yüzüğünü buldu mu? Her halde bulmuş olmalı.
6. Faruk Adana'ya vardı mı? Her halde varmış olmalı.

Faruk dedi ki, Adana'ya gitmesi gerekmiş.
Faruk dedi ki, vakit kazanmak için uçakla gitmeye karar vermiş.
Faruk dedi ki, Taksim'deki Türk Hava Yolları Bürosu'ndan bilet almış.
Faruk dedi ki, uçak vaktinde kalkmış.
Faruk dedi ki, sabah saat 10'da Adana'ya inmiş.
Faruk dedi ki, Çakmak Caddesi'ndeki büroya gitmiş ve şefiyle buluşmuş.
Faruk dedi ki, sonra iyi bir öğle yemeği yemiş ve aynı gün İstanbul'a dönmüş.

1. Faruk Adana'ya uçmuş mu, bilmiyoruz.
2. Faruk Adana uçağı için bilet almış mı, bilmiyorsun.
3. Necdet arabayı satmış mı, bilmiyorum.
4. Feray büroya gitmiş mi, Sieglinde bilmiyor.
5. Mehmet Kars'taki akrabaları ziyaret etmiş mi, bilmiyoruz.
6. Nasreddin Hoca yüzüğünü bulmuş mu, karısı bilmiyor.

1. Padişah kızını saraydan kovmuş, çünkü prenses evlenmek istememiş.
2. Prenses yanına bir parça kuru ekmek ve biraz su almış.
3. Prenses ormanda açlıktan ve susuzluktan uyuyakalmış.
4. Yedi gün sonra güvercin prens gelmiş.
5. Güvercin prens, prensese demiş ki, ben büyülenmiş bir prensim, benimle evlen ve büyüyü boz.
6. Faruk vakit kazanmak için Adana'ya uçakla gitmeye karar veriyor.
7. Faruk uçak biletini Taksim'deki Türk Hava Yolları Bürosu'ndan alıyor.
8. Evet, uçak vaktinde kalkıyor.
9. Uçuş yüksekliği 9000 metre.
10. Adana'da hava sıcak ve güneşli, ısı 29 derece.

1. Rakı içtik ki, neşelenelim.
2. Geldim ki, seni göreyim.
3. Peter Türkiye'ye gitti ki, Türkçe'sini ilerletsin.
4. Mehmet Kars'a gitti ki, akrabalarını ziyaret etsin.
5. Para biriktiriyoruz ki, izne gidelim.

D **Wie wird Karnıyarık gekocht?**

— Wie wird Karnıyarık gekocht?
— Karnıyarık wird so gekocht: Zuerst die Auberginen ...
— Einen Moment. Sag (mir) zuerst die Zutaten.
— Also gut. Ein Kilo Auberginen, zwei Stück Zwiebeln, 250 Gramm Hackfleisch, ein Bund Petersilie, eine Kaffeetasse Olivenöl, alles klar?
— Klar. Erzähl jetzt.
— Die Zwiebeln werden geschält, ganz fein geschnitten. In die Pfanne wird Öl hineingetan und zum Glühen gebracht. Dann werden die Zwiebeln mit dem Hackfleisch zusammen in der Pfanne geröstet.
— Was macht man mit den Auberginen?
— Die Auberginen werden gewaschen, geschält und in der Mitte durchgeschnitten. Das Hackfleisch wird mit den Zwiebeln gemischt und in die Auberginen gefüllt. Die Petersilie wird zerhackt und über das Gericht gestreut.
— Dann?
— Dann wird alles in den Backofen gegeben.
— Mmm. Toll! Vielen Dank für das Kochrezept. Gleich heute abend werde ich Karnıyarık kochen.

S 1
— Sind die Tomaten gewaschen (worden)?
— Nein, aber sie werden jetzt gewaschen werden.
— Ist das Brot geschnitten (worden)?
— Es wird jetzt geschnitten.
— Ist der Tisch gedeckt worden?
— Nein, der Tisch ist noch nicht gedeckt worden.

S 2
a) — Von wem ist der Brief geschrieben worden?
  — (Er) ist von der Sekretärin geschrieben, aber vom Direktor unterschrieben worden.
b) — Ist der Brief geschrieben worden?
  — Nein, (er) ist noch nicht geschrieben worden.
  — Der Brief muß heute unbedingt geschrieben werden.
  — Die Sekretärin hat heute keine Zeit. Der Brief kann erst morgen geschrieben werden.
c) — Was wird in der Türkei am meisten getrunken?
  — In der Türkei wird am meisten Raki getrunken.
  — Was wird in Deutschland am meisten gegessen?
  — Kartoffel(n) wird (werden) gegessen.
d) — Was machst du?
  — Ich parke meinen Wagen.
  — Hier ist eine Tankstelle. Hier wird nicht geparkt (hier ist Parken verboten.)

— Also gut. Und was machst du?
— Du siehst doch, ich rauche.
— Drück schnell deine Zigarette aus. Bei der Tankstelle wird nicht geraucht (Bei der Tankstelle ist Rauchen verboten).

Sinan stand heute morgen früh auf   **T**

Sinan stand heute morgen früh auf. Er wusch sich, trocknete sich ab, zog sich an und rasierte sich. Das Wetter war schön. Sinan freute sich sehr darüber. Er fuhr mit dem Bus zur Universität und kaufte sich in der Kantine ein belegtes Brot. Dann ging er zur Vorlesung. Sinan versteht sich sehr gut mit seinem Professor und mit seinen Freunden.
Nach der Vorlesung ging Sinan in die Bibliothek und schrieb einen Brief an seine Familie. Sinan korrespondiert oder telefoniert jede Woche mit seiner Familie in der Türkei. Am Nachmittag gegen vier Uhr ging Sinan in die Stadt und traf sich am Königsplatz mit seinen Freunden.

Wie fühlst du dich heute?   **T/D**

Ünal ist seit einer Woche krank. Er kommt nicht in die Universität. Peter hat heute nach der Vorlesung Ünal angerufen.

Ü.: Ja, hallo?
P.: Grüß Gott, Ünal. Hier ist Peter. Wie geht es dir? Wie fühlst du dich heute?
Ü.: Oh, Grüß Gott, Peter. Danke, heute fühle ich mich etwas besser.
P.: Am Nachmittag treffen wir uns mit den Freunden am Königsplatz. Kannst du auch kommen?
Ü.: Ich versuche zu kommen.
...

Peter, Sinan, Sabine, Ruth und Ünal sitzen in einem Café in der Stadt und sprechen über die Arbeitslosigkeit. Alle Studenten suchen einen Job, um in den Ferien zu arbeiten und versuchen einander behilflich zu sein.
Ruth: Ich habe in der Zeitung ein Inserat gesehen. Für türkische Kinder werden Sozialberater gesucht.
Sinan: Dieser Job ist sehr gut für uns.
Peter: Ja, ich denke auch so. Bewerbt euch sofort.
Sinan: Und ich habe am Schwarzen Brett in der Uni gesehen, von einer Buchhandlung werden Mitarbeiterinnen gesucht.
Sabine,
Ruth: Und für uns ist dieser Job sehr gut. Wir wollen sofort dort anrufen.

Rätsel	Ganz kleine Zimmer jagen einander nach (Zug).
Sprichwörter	1. (wörtlich: Das Eisen wird in der richtigen Härte geschmiedet) / sinngemäß: Man muß das Eisen schmieden, solange es heiß ist.
	2. (wörtlich: Stich die Nadel bei dir hinein, die Packnadel bei jemand anderem) / sinngemäß: Prüfe dich erst selbst, bevor du andere kritisierst.

Gedichte

1. Heute morgen ist das Wetter klar

Heute morgen ist das Wetter klar;
Heute morgen ist alles wie aus Kristall,
der Himmel ist ganz blau heute morgen,
damit wir an schöne Sachen denken.
...

2. Meine Hände sind so klein

Meine Hände sind ein winziger, blütenweißer Vogel
sein Flügel ist wohlig warm an meinem Gesicht
da ist ein tiefschwarzer, tiefschwarzer Steg
die sonnigen Tage sind ganz kurz.
...

Da ist ein blütenweißer, blütenweißer Vogel
sein Flügel schläft an meinem Gesicht wohlig warm
da ist ein tiefschwarzer, tiefschwarzer Steg
mein Feind ist groß, meine Hände sind ganz klein.

Lied

Die Pappeln von Izmir

Die Pappeln von Izmir
ihre Blätter fallen ab
und uns nennt man çakıcı
meine Geliebte von schönem Wuchs
wir reißen Paläste nieder.

Meine Zypresse, es gibt keine länger als du
du hast keine Traube(n) am Blatt
der Zeybek wurde in Kamalı erschossen
meine Geliebte von schönem Wuchs
ich habe kein Wort für Çakıcı.

Karikatur

Verbotsschild: Parken verboten (wörtl.: Es wird kein Park gemacht).
Verkehrspolizist: Wer hat diesen Park hier gemacht?

14

a) Banka saat 8'de açılıyor.
b) Dükkân saat 19'da kapanıyor.
c) Öğle yemeği saat 12'de yeniyor.
d) Postane saat 8.30'da açılıyor.
e) Sofra saat 18'de kuruluyor.
f) Yemek saat 20'de pişiriliyor. oder: yeniyor.
g) Çamaşır saat 9'da yıkanıyor.
h) Çay saat 17'de içiliyor.
i) Parti saat 20'de veriliyor.

Ü 1

a) Ütüyle çamaşır ütülenir.
b) Fotoğraf makinesiyle resim çekilir.
c) Matkapla delik delinir.
d) Rodyoyla müzik ve haberler dinlenir.
e) Çamaşır makinesiyle çamaşır yıkanır.
f) Elektrik süpürgesiyle yer temizlenir.

Ü 2

A:1 / B:4 (anasondan) / C:6 (kıymadan) / D:2 (kumaştan) /
E:7 (patlıcandan) F:5 (üzümden) G:3 (yufkadan)

Ü 3

a) Patlıcanlar kesildi mi! Hayır ama, şimdi kesilecekler.
b) Maydanoz doğrandı mı? Hayır ama, şimdi doğranacak.
c) Soğan soyuldu mu? Hayır ama, şimdi soyulacak.
d) Fırın yakıldı mı? Hayır ama, şimdi yakılacak.
e) Karnıyarık pişirildi mi? Hayır ama, şimdi pişirilecek.
f) Karnıyarık yendi mi? Hayır ama, şimdi yenecek.

Ü 4

1. Gazete baba tarafından okunuyor.
2. Ödev çocuklar tarafından yapılıyor.
3. Patates benim tarafımdan kızartılıyor.
4. Gömlek senin tarafından ütüleniyor.
5. Motör Nevzat tarafından tamir ediliyor.
6. Yemek aşçı tarafından pişiriliyor.
7. Mektup Gönül Hanım tarafından yazılıyor.
8. Hasta doktor tarafından muayene ediliyor.

Ü 5

1. Kitap okunmalı.
2. Mektup bugün yazılabilir.
3. Çamaşır bugün yıkanamaz.
4. Pantalon ütülenmeli mi?
5. Eski ev satılamadı.

Ü 6

Ü 7
1. Almanya'da bira içilir.
2. Türkiye'se beyez ekmek yenir.
3. Fransa'da şarap içilir.
4. Kahvaltıda Türkiye'de çay, Almanya'da kahve içilir.
5. Bavyera'da Schuhplattler dansı yapılır.
6. İzmir'de zeybek oynanır.
7. İtalya'da makarna sevilir.
8. İngiltere'de çok futbol maçı seyredilir.

Ü 8
1. Sigara içilmez! 2. Park yapılmaz! / 3. Gürültü yapılmaz!
4. Gemilerde içki içilmez! / Burada durulmaz!

Ü 9
yenir (yenebilir)	beklenmedik
duyulur (duyulabilir)	unutulmaz
içilir (içilebilir)	anlaşılmaz
anlaşılır (anlaşılabilir)	okunacak
yıkanır (yıkanabilir)	görülecek

Ü 10
a) 1. Filiz giyiniyor ve aynanın önünde taranıyor.
2. Sinan banyoda yıkanıyor ve tıraş oluyor.
3. Öğrenciler tatile seviniyor.
4. Öğrenciler bir kahvede buluştular.
5. Peter ile Zafer her gün görüşüyorlar.
6. Ellerini yıkadın mı?
7. Necdet dişlerini yıkıyor.
8. Yemekten önce üstümü değiştireceğim.
b) 1. Sinan bugün kendini nasıl hissediyor?
2. Bu kendi araban mı?
3. Sabine kendine yeni bir manto aldı.
4. Elbiseyi kendim diktim.
5. Biz birbirimizi iyi tanıyoruz.

a) — Wenn du morgen einkaufen gehst, kauf mir bitte ein Wörterbuch.
— In Ordnung. Und wenn du morgen bei Semra vorbeischaust, grüße (sie) von mir.

b) — Wenn wir morgen nicht früh aufstehen, verpassen wir den Zug.
— Wenn wir den Zug verpassen, kommen wir zu spät zur Arbeit.
— Wenn wir nicht pünktlich zur Arbeit gehen, jagt der Chef uns alle fort.
— Wenn der Chef uns fortjagt, werden wir arbeitslos.

c) — Wenn Gülay morgen in die Türkei fährt, soll sie bei uns vorbeischauen.
— Wenn wir bei Gülay Sachen bestellen werden, machen wir eine Liste.
— Ob Mehmet vom Urlaub zurückgekommen ist?
— Wenn er zurückgekommen ist, ruft er uns sicher an.
— Wenn er heute gekommen ist, fängt er auch morgen mit der Arbeit an.

d) — Wenn der Brief heute geschrieben wird, bringe ich ihn morgen zur Post.
— Wenn wir den Brief sofort schreiben können, können wir (ihn) auch jetzt zur Post bringen.

e) — Wenn Markus Türkisch lernen muß, soll er in einen Türkischkurs gehen.
— Wenn Markus in einen Türkischkurs gehen muß, soll er sich ein Türkischbuch kaufen.

f) — Yaşar soll krank sein.
— Wenn er krank ist, soll er morgen nicht zum Büro kommen. Aber wenn du Zeit hast, schau du zwischendurch beim Büro vorbei.
— Natürlich, ich komme, wenn ich Zeit habe.
— Wenn du keine Zeit hast, gib mir telefonisch Bescheid.

g) — Was machst du?
— Ich lese eine türkische Zeitung.
— Du machst es gut. Je mehr türkische Zeitungen du liest, desto mehr türkische Wörter lernst du.

D 1 a) **Bei der Tankstelle**

Tankwart: Ja bitte?
Faruk: Ich möchte den Tank füllen lassen.
Tankwart: Soll es Super oder Normal(benzin) sein?
Faruk: Ich möchte Diesel. Füllen Sie bitte auch das Kühlwasser nach.
Tankwart: Jawohl, mein Herr. Haben Sie sonst noch einen Wunsch?
Faruk: Ich möchte den Wagen auch waschen lassen. Prüfen Sie bitte auch den Reifendruck nach.
...

b) **Kauf einen neuen Wagen, wenn du viel Geld hast**

Vural: Grüß Gott, mein lieber Faruk. Gibt's was Neues? Was machst du hier?
Faruk: Hallo, mein lieber Vural. Frag lieber nicht. Ich bin mit meinem Wagen beschäftigt.
Vural: Was ist mit deinem Wagen los?
Faruk: Neulich ging er kaputt. Ich habe (ihn) zwar reparieren lassen, aber trotzdem bin ich nicht zufrieden.
Vural: Kauf einen neuen Wagen, wenn du viel Geld hast.
Faruk: Ich habe nicht viel Geld.
Vural: Dann kauf doch einen Gebrauchtwagen. Vis-à-vis ist ein Automarkt. Komm, gehen wir zusammen dorthin und suchen einen Wagen für dich. Wenn du Glück hast, können wir einen guten Wagen finden.

S 2
— Was machst du morgen?
— Ich? Ich habe Zahnschmerzen. Ich werde zum Zahnarzt gehen und meinen Zahn ziehen lassen. Und du?
— Ich werde morgen zum Schneider gehen. Ich lasse ein neues Kleid nähen.
— Was macht Sevim morgen?
— Sevim wird morgen zum Friseur gehen und ihre Haare schneiden lassen.

Karagöz und Hacivat

Hacivat: Guten Abend, mein Herr.

Karagöz: Herzlich willkommen, mein Hacivat.

Hacivat: Wie geht es Ihnen, geht es Ihnen gut, mein Karagöz?

Karagöz: Es geht mir sehr gut, mein Herr.

Hacivat: Ich habe mir nämlich eine Mütze gekauft, ich wollte (sie) dir zeigen.

Karagöz: Was soll ich machen, wenn du eine Mütze gekauft hast?

Hacivat: Aber ich bitte, mein Herr, sagt man denn so?

Karagöz: Und was sagt man?

Hacivat: Man sagt: ,Trage sie lachend, sie soll auf deinem Kopf zerfetzen.'

Karagöz: Trage sie lachend. Sie soll auf deinem Kopf zerfetzen.

Hacivat: Bravo, mein Karagöz, man muß doch so sagen, gell. Dann mein Herr, zu Hause war das Brennholz alle. Ich ging zum Brennholzmarkt, kaufte einen Wagen (voll) Brennholz.

Karagöz: Was soll ich machen, wenn du Brennholz gekauft hast?

Hacivat: Aber ich bitte, mein Karagöz, hast du vergessen? Wie sagt man?

Karagöz: Ach ja. Trag sie lachend, sie soll auf deinem Kopf zerfetzen.

Hacivat: Schweig, mein Karagöz, schweig. Das ist keine Mütze, das ist Brennholz.

Karagöz: Woher soll ich's wissen? Du hast (es) mir beigebracht.

Harivat: Aber das war für die Mütze.

Karagöz: Na und? Was muß ich jetzt sagen?

Harivat: Du mußt sagen: ,Brenn es lachend, setz dich hin und schau auf seine Asche.'

Karagöz: Also gut. Brenn es lachend. Setz dich hin und schau auf seine Asche.

Harivat: Bravo, mein Karagöz. Für jede Sache gibt es ein passendes Wort. Diese Worte muß man zur richtigen Zeit verwenden, mein Karagöz.

(wörtlich: Wenn das Wort Silber ist, ist das Schweigen Gold) / sinngemäß: Reden ist Silber, Schweigen ist Gold. **Sprichwort**

Die Schrift am Wagen rechts: unerfahrener Fahrer
Fahrlehrer: Wenn Sie möchten, geben wir Ihnen auch einen Kapitänschein. **Karikatur**

Ü 1
1. Doğan alışverişe giderse Filiz için manto alır.
2. Bu yaz Türkiye'ye gidersem akrabaları ziyaret ederim.
3. Faruk yeni iş bulursa hemen çalışmaya başlar.
4. Yarın Nihat'ı görürsek partiye davet ederiz.
5. Sieglinde Türk yemekleri pişirirse Feray ile Vural'ı davet eder.
6. Markus Türkçe gazete okursa çabuk Türkçe öğrenir.
7. Mehmet Türkiye'ye dönerse ailesi sevinir.
8. Yaşar burada oturma iznini uzatırsa çok sevinir.

Ü 2
1. Necla mektubu yazdıysa postaneye götürsün.
2. Pasta yaptıysanız misafirleri davet edin.
3. Peter Türkçe öğrendiyse yazın Türkiye'ye gitsin.
4. Yaşar Almanca öğrendiyse Almanya'da kalsın.
5. Bira aldıysan buz dolabına koy.

Ü 3
1. Siz şimdi yemek yiyorsanız biz bekleyelim.
2. Şef şimdi uyuyorsa biz gidelim.
3. Nurten şimdi kahve pişiriyorsa biz pasta getirelim.
4. Şimdi sinemaya gidiyorsak yanımıza para alalım.

Ü 4
1. Ayten yeni manto almışsa bize göstersin.
2. Markus Türkçe öğrenmişse bize Türkçe mektup yazsın.
3. Erol kitabı okumuşsa bize geri versin.
4. Gabi Türk yemekleri pişirmişse bizi davet etsin.

Ü 5
1. Faruk yeni araba alacaksa araba pazarına gitsin.
2. Rakı içeceksek beyaz peynir ve kavun alalım.
3. Lahmacun yiyecekseniz ayran da ısmarlayın.
4. Margot yarın Türk bakkalına gidecekse sucuk ve pastırma alsın.

Ü 6
a) 1. Filmi beğenirse gider.
2. Şef izin verirse gider.
3. Alışverişe giderse alır.
4. Kar yağarsa kayak yaparız.

b) 1. Filmi beğenmezse gitmez.
2. Şef izin vermezse gitmez.
3. Alışverişe gitmezse almaz.
4. Kar yağmazsa kayak yapmayız.

1. Domatesler yıkanırsa biz salata yaparız.
2. Mektup yazılırsa ben postaneye götürürüm.
3. Ekmek kesilirse biz sofra kurarız.
4. Patlıcanlar soyulursa biz karnıyarık pişiririz.

1. Hülya pehriz yapabilirse zayıflar.
2. Erken kalkabilirsek trene yetişiriz.
3. Mehmet kursa gidebilirse Almanca öğrenir.
4. Markus iş bulabilirse çalışma izni alır.

1. Hülya zayıflamalıysa pehriz yapsın. / Hülya'nın zayıflaması gerekse pehriz yapsın.
2. Çocuklar yarın erken kalkmalılarsa erken yatsınlar. / Çocukların yarın erken kalkması gerekse erken yatsınlar.
3. Faruk Adana'ya gitmeliyse uçak bileti alsın. / Faruk'un Adana'ya gitmesi gerekse uçak bileti alsın.
4. Mehmet Almanca öğrenmeliyse kursa gitsin. / Mehmet'in Almanca öğrenmesi gerekse kursa gitsin.

a) Yaşar oturma iznini uzatabilirse burada kalır. Burada kalabilirse iş bulur. İş bulabilirse para kazanır. Para kazanabilirse araba alır. Araba alabilirse Türkiye'ye izne gider. Türkiye'ye izne gidebilirse ailesini görür ...

b) Oturma iznimi uzatabilirsem burada kalırım. Burada kalabilirsem iş bulurum. İş bulabilirsem para kazanırım. Para kazanabilirsem araba alırım. Araba alabilirsem Türkiye'ye izne giderim. Türkiye'ye izne gidebilirsem ailemi görürüm ...
Oturma iznimizi uzatabilirsek burada kalırız. Burada kalabilirsek iş buluruz. İş bulabilirsek para kazanırız. Para kazanabilirsek araba alırız. Araba alabilirsek Türkiye'ye izne gideriz. Türkiye'ye izne gidersek ailemizi görebiliriz ...

c) Yaşar oturma iznini uzatamazsa burada kalamaz. Burada kalamazsa iş bulamaz. İş bulamazsa para kazanamaz. Para kazanamazsa araba alamaz. Araba alamazsa Türkiyo'yo izne gidemez. İzne gidemezse ailesini göremez ...
Oturma iznimi uzatamazsam burada kalamam. Burada kalamazsam iş bulamam. İş bulamazsam para kazanamam. Para kazanamazsam araba alamam. Araba alamazsam Türkiye'ye izne gidemem. İzne gidemezsem ailemi göremem.
Oturma iznimizi uzatamazsak burada kalamayız Burada kalamazsak iş bulamayız. İş bulamazsak para kazanamayız. Para kazanamazsak araba alamayız. Araba alamazsak Türkiye'ye izne gidemeyiz. İzne gidemezsek ailemizi göremeyiz.

Ü 11
1. Hastaysanız doktora gidin.
2. Yorgunsan erken yat.
3. Fikret zenginse yeni araba alsın.
4. Mehmet fakirse az para harcasın.
5. Hülya şişmansa pehriz yapsın.
6. Yorgunsak hafta sonunda dinlenelim.

Ü 12
1. Hasta değilseniz büroya gelin.
2. Çocuklar çalışkan değil(ler)se öğretmen kötü not versin.
3. Nuri zengin değilse çok para harcamasın.
4. Halil fakir değilse yeni palto alsın.
5. Şişman değilseniz pehriz yapmayın.
6. Yorgun değilsek bu akşam televizyon seyredelim.

Ü 13
a) 1. Parası varsa alır.
   2. Arabası varsa gider.
   3. Çakmağım varsa içerim.
   4. Topları varsa oynarlar.

b) 1. Parası yoksa almaz.
   2. Arabası yoksa gitmez.
   3. Çakmağım yoksa içmem.
   4. Topları yoksa oynamazlar.

Ü 14   1:E / 2:H / 3:G / 4:F / 5:I / 6:D / 7:C / 8:B / 9:A.

Ü 15
1. Ali ne kadar iyi Almanca bilirse Almanya'da o kadar çabuk iş bulur.
2. Sieglinde ne kadar uzun zaman Türkiye'de kalırsa o kadar iyi Türkçe konuşur.
3. Mehmet Karataş ne kadar çok para biriktirirse o kadar çabuk zengin olur.
4. Araba ne kadar hızlı giderse o kadar çabuk Türkiye'ye varır.

Ü 16
1. Berber saç kesiyor. Sevim saç kestiriyor.
2. Hizmetçi odayı temizliyor. Anne odayı temizletiyor.
3. Tamirci arabayı tamir ediyor. Fahri arabayı tamir ettiriyor.
4. Terzi elbise dikiyor. Filiz elbise diktiriyor.

1. Nesrin vazoyu düşürüyor.
2. Aşçı yemeği pişiriyor.
3. Öğretmen öğrencileri güldürüyor.
4. Nuri Fatma'yı ağlatıyor.
5. Köpek çocuğu korkutuyor.
6. Hakan düğmeyi koparıyor.
7. Öğrenciler tatili iyi geçiriyor.
8. Anne suyu akıtıyor.
9. Figen ışığı söndürüyor.

Ü 17

1. Baba çocuklara gazete aldırıyor.
2. Büyükanne toruna mektup okutuyor.
3. Profesör öğrencilere kitap aratıyor.
4. Vural Feray'a pantalon ütületiyor.

Ü 18

a) Ali tanı-t-ıl-ı-yor: Ali wird vorgestellt / Ali tanı-t-ıl-malı: Ali muß vorgestellt werden / Ali tanı-t-ıl-abil-ir: Ali kann vorgestellt werden / Ali tanı-t-ıl-malı-y-sa: Wenn Ali vorgestellt werden muß / Ali tanı-t-ıl-abil-ir-se: Wenn Ali vorgestellt werden kann.

Ü 19

b) kahve piş-ir-il-ecek: der Kaffee wird gekocht werden / kahve piş-ir-meli: der Kaffee muß gekocht werden / kahve piş-ir-ebil-ir: der Kaffee kann gekocht werden / kahve piş-ir-il-di-y-se: wenn der Kaffee gekocht worden ist / kahve piş-ir-il-me-di-y-se: wenn der Kaffee nicht gekocht worden ist / kahve piş-ir-il-eme-z-se: wenn der Kaffee nicht gekocht werden kann.

c) haber duy-ur-uldu: die Nachricht wurde bekanntgegeben / haber duy-ur-ul-malı: die Nachricht muß bekanntgegeben werden / haber duy-ur-ul-ma-malı: die Nachricht darf nicht bekanntgegeben werden / haber duy-ur-ul-ama-y-acak: die Nachricht wird nicht bekanntgegeben werden können / haber duy-ur-ul-ur-sa: wenn die Nachricht bekanntgegeben wird / haber duy-ur-abil-ecek-se: wenn die Nachricht bekanntgegeben werden kann.

1. Saçımı kestirmek istiyorsan sana iyi bir berber tavsiye edebilirim.
2. Radyoyu tamir ettirmeliyseniz bir elektrikçi bulmalısınız.
3. Vural pantalonunu ütületebilirse bu akşam (onu) giyecek.
4. Konuklar için kahve pişirilmeliyse kahve ve şeker alman gerek.

Ü 20

S 1   a) — Ich habe gestern Peter gesehen.
— Wer ist Peter?
— Ein Freund, der die Türken liebt.
— Und ich habe gestern einen Brief von Salih bekommen.
— Wer ist Salih?
— Ein Freund, der in Izmir lebt.

b) — Ich ging gestern zu Ahmet.
— Wer ist Ahmet?
— Ein Freund, der krank ist.
— Und ich habe mich gestern mit Filiz getroffen.
— Wer ist Filiz?
— Eine Freundin, die zwei Töchter hat.

c) — Gestern kam Gül zu uns.
— Welche Gül?
— Gül, deren Mann in Deutschland arbeitet.

S 2   — Wie hast du Türkisch gelernt?
— Ich lernte Türkisch, indem ich mit Türken sprach. Und du?
— Ich kaufte mir ein Türkischbuch und ging in einen Kurs. Und dann
erweiterte ich meine Türkischkenntnisse, indem ich ständig mit
türkischen Freunden redete.

T   **Ein Freund, der die Türken liebt**

Wahrscheinlich kennen Sie Peter. Peter, der als Assistent an der Uni-
versität arbeitet, ist ein Freund, der die Türken liebt. Peter, der viele
türkische Bekannte in Augsburg hat, fährt jeden Sommer in die Tür-
kei. Peter, der sich in der Türkei jedes Mal etwa vier Wochen aufhält,
besichtigt mehrere Städte und kauft viel ein.
Peter wird heute abend Zafer, einen seiner türkischen Freunde,
der in Haunstetten wohnt, besuchen. Zafer, der sehr gut kochen
kann, wird heute abend für Peter türkische Gerichte kochen. Zafer
hat auch andere türkische und deutsche Freunde in Augsburg zum
Essen eingeladen. Peter, der die türkischen Gerichte sehr liebt, freut
sich jetzt schon auf diese Einladung.

24

Fünfzehn Prozent der türkischen Bevölkerung lebt in Istanbul **D**

Peter: Na, erzähl doch mal, Zafer, gibt's was Neues in der Türkei?
Zafer: Die Türkei war sehr schön wie immer, mein lieber Peter. Aber es gibt natürlich einige Veränderungen.
Sabine: Was für welche zum Beispiel?
Zafer: Istanbul, das immer größer wird, ist eine sehr interessante und schöne Stadt. Ungefähr fünfzehn Prozent der türkischen Bevölkerung lebt in Istanbul.
Ruth: Ist Ankara nicht größer als Istanbul?
Sinan: Ankara ist zwar die Hauptstadt, aber wir können Instanbul ‚die heimliche Hauptstadt' nennen. Istanbul ist zweimal so groß wie Ankara, also das doppelte von Ankara.
Sabine: Edirne ist auch eine schöne Stadt, nicht wahr?
Ruth: Wo in der Türkei liegt Edirne?
Gül: Edirne ist in Tharakien, also im europäischen Teil der Türkei. Ihr wißt, drei Prozent des türkischen Staatsgebiets liegt in Europa, 97 Prozent liegt in Asien.
Peter: Ja, das ist etwas sehr Interessantes. Die Türkei ist sowohl ein westliches als auch ein östliches Land.
Ünal: Ja, die Bosporus-Brücke, die in Instanbul gebaut wurde, verbindet Europa mit Asien.
Sabine: Die Türkei ist ein sehr großes Land, nicht wahr?
Zafer: Ja, die Türkei ist ungefähr zweimal so groß wie die Bundesrepublik.

1. Ich höre Istanbul zu   **Gedicht**

Ich höre Istanbul zu, meine Augen sind geschlossen;
es weht ein leiser Wind;
langsam schwanken
die Blätter an den Bäumen
in der Ferne, ganz in der Ferne
die niemals aufhörenden Glocken der Wasserträger
ich höre Istanbul zu mit geschlossenen Augen.
...

2. Brot und Sterne

Das Brot auf meinem Knie
die Sterne in der Ferne, ganz in der Ferne.
Ich esse Brot und blicke zu den Sternen hinauf.
Ich bin so zerstreut, fragt lieber nicht,
dass ich manchmal den Faden verliere
und statt Brot Sterne esse.

Sprichwörter 1. (wörtlich: Der sich geduldene Mönch hat sein Ziel erreicht) / sinn-
gemäß: Geduld und Ausdauer führen zum Ziel.
2. (wörtlich: Bellende Hunde beißen nicht.)
3. (wörtlich: Dem nicht weinenden Kind gibt man keine Mutterbrust) /
sinngemäß: Wer sich nicht rührt, bekommt nichts.
4. (wörtlich: Der zuletzt Lachende lacht gut) / sinngemäß: Wer zuletzt
lacht, lacht am besten.
5. (wörtlich: Der Suchende findet) / sinngemäß: Wer sucht, der findet.
6. (wörtlich: Das alles Glänzende ist nicht Gold) / sinngemäß: Es ist
nicht alles Gold, was glänzt.

Karikaturen 1. Der Pirat, der zum Picknick geht.
2. Überschrift: Die Inflationsrate übersteigt 30 Prozent.
Sprechblase: Gute Nachricht, ich habe etwas erfunden, was
schneller als die Lichtgeschwindigkeit ist, Professor.
3. Überschrift: Den Schülern werden 100 Millionen gekochte Eier aus-
geteilt.
Sprechblase: Donnerwetter! In was für einen Zustand sind die Kin-
der geraten, indem sie ständig Eier aßen.

a) 1. Fatma Ulm'da çalışan bir Türk kadın.
2. Atatürk, modern Türkiye'yi kuran devlet adamı.
3. Fatih, İstanbul'u alan padişah.
4. Fürüzan roman yazan bir kadın yazar.
5. Atilla İlhan şiir ve roman yazan bir Türk yazar.
6. Gisela Türk yemekleri pişiren bir Alman arkadaş.
7. Sieglinde İstanbul Üniversitesi'nde okuyan bir Alman arkadaş.
8. Ünal Augsburg Üniversitesi'nde okuyan bir Türk öğrenci.

b) 1. Rakı Türkiye'de çok içilen bir içkidir.
2. Baklava Türkiye'de çok yenen bir tatlıdır.
3. Otomobil insan taşıyan bir taşıttır.
4. Kamyon yük taşıyan bir taşıttır.
5. Dikiş makinesi dikiş diken bir alettir.
6. Fotoğraf makinesi resim çeken bir alettir.

Ü 1

1. Türkçe öğrenen öğrenciler yazın Türkiye'ye gidiyor.
2. Türk'leri seven Alman arkadaş Türkçe öğreniyor.
3. Yeni ev alan komşu arabasını satıyor.
4. Rakı içen Peter çabuk sarhoş oluyor.
5. İyi Türkçe bilen Sieglinde İstanbul Üniversitesi'nde okuyor.
6. Türk'le evlenen Gisela Türk yemekleri pişiriyor.
7. Para çantasını kaybeden Necla Hanım polise gidiyor.
8. Almanya'dan dönen aile İzmir'de yeni bir ev arıyor.

Ü 2

1. İşsiz olan Nuri iş arıyor. / 2. Kemptenli olan Peter Münih'te oturuyor. / 3. Yorgun olan Filiz erken yatıyor. / 4. hasta olan çocuklar okula gitmiyor. / 5. Karslı olan Mehmet Duisburg'ta çalışıyor. / 5. Çalışkan olan öğrenci iyi not alıyor.

Ü 3

1. Türk arkadaşları olan Peter Türkçe öğreniyor.
2. Alman arkadaşları olan Zafer iyi Almanca konuşuyor.
3. Üç çocuğu olan Hüseyin çocuklara hediye alıyor.
4. Kars'ta akrabaları olan Mehmet her yıl Kars'a gidiyor.
5. Türkçe kitapları olan öğrenciler her gün Türkçe çalışıyor.
6. İzmir'de evi olan Bay Braun her yıl İzmir'e gidiyor.

Ü 4

Ü 5
1. Annesi Almanya'da çalışan çocuk İstanbul'da büyük annesinin yanında yaşıyor.
2. Babaları Almanya'da çalışan çocuklar Almanya'ya gitmek istiyorlar.
3. Arabası bozuk olan Faruk bisikletle işe gidiyor.
4. Bisikletleri yeni olan çocuklar çok seviniyorlar.
5. Kocasının Türk arkadaşları olan Gisela iyi Türkçe konuşuyor.
6. Türkçe kitabı kaybolan öğrenci kendine yeni bir Türkçe kitabı aldı..

Ü 6
1. Tatilden dönmüş olan Peter dün üniversiteye gitti.
2. Yeni kasket almış olan Hacivat kasketi Karagöz'e gösterdi.
3. Türkiye'de yaşamış olan Bay Braun Türkiye'yi iyi tanıyor.
4. Dortmund'ta çalışmış olan Hüseyin Ruhr Havzasını iyi tanıyor.

Ü 7
1. Bu akşam baloya gidecek olan Sevim saçını yaptırdı.
2. Elbise diktirecek olan Gül terziye gitti.
3. Kullanılmış araba alacak olan Faruk araba pazarına gitti.
4. Yarın Adana'ya uçacak olan Faruk Türk Hava Yolları Bürosu'ndan bilet aldı.

Ü 8
1. Seni arayan Ali.
2. Bir şey yemek isteyenler lokantaya gidiyor.
3. Türkçe bilmeyenler Türkçe öğrenmek için bir kursa gidiyor.
4. Öğretmen tembel olanları sevmiyor.
5. Yüzmek isteyenlere mayo veriliyor.
6. Bisikleti olanlar hafta sonunda bisiklet turu yapıyorlar.
7. İstanbul'a gidecek olanlar pasaportlarını uzatıyorlar.
8. Uzun zaman Almanya'da yaşamış olanların çocukları Türkiye dönmek istemiyorlar.

Ü 9
yarım-bir bölü iki-ikide bir / üç bölü dört-dörtte üç / beş bölü yedi-yedide beş / dokuz bölü on bir-on birde dokuz / iki bölü beş-beşte iki / çeyrek-bir bölü dört-dörtte bir / bir tam iki bölü üç-bir tam üçte iki / üç tam iki bölü yedi-üç tam yedide iki / iki tam beş bölü sekiz-iki tam sekizde üç.
sıfır virgül (onda) yedi / sıfır virgül (yüzde) kırk beş / sıfır virgül (onda) iki / sıfır virgül (yüzde) yetmiş beş / sıfır virgül sıfır sekiz-sıfır virgül yüzde sekiz / sıfır virgül sıfır beş-sıfır virgül yüzde beş / sıfır virgül (binde) yüz yirmi beş.
yüzde dokuz; yüzde on beş; yüzde yetmiş beş; yüzde altmış; yüzde doksan beş; yüzde otuz; yüzde seksen.

1. Türkiye Almanya'dan aşağı yukarı iki defa daha büyük.
2. Türk halkının yüzde altmışı şehirlerde yaşıor.
3. İstanbul Ankara'dan iki defa büyük.
4. Türkiye'nin yüzölçümünün yüzde üçü Avrupa'da, yüzde doksan yedisi Asya'da.

Ü 10

1. Mehmet fabrikaya gidip çalıştı.
2. Nasreddin Hoca sokağa çıkıp yüzüğünü aradı.
3. Sinemaya gidip iyi bir Türk filmi seyredelim.
4. Türk bakkalından patlıcan alıp karnıyarık pişirin.

Ü 11

a) 1. Sieglinde Türkçe kursuna giderek Türkçe öğrendi /
   Sieglinde Türkçe kursuna gide gide Türkçe öğrendi.
2. Mehmet rakı içerek Türk müziği dinledi. /
   Mehmet rakı içe içe Türk müziği dinledi.
3. Gül az yemek yiyerek kilo verdi. /
   Gül az yemek yiye yiye kilo verdi.
4. Bay Braun Türk filmleri seyrederek Türkiye'yi tanıdı. /
   Bay Braun Türk filmleri seyrede seyrede Türkiye'yi tanıdı.

Ü 12

b) 1. Sieglinde lernte Türkisch, indem sie in einen Türkischkurs ging
   (oder: Sieglinde ging in einen Türkischkurs und lernte Türkisch). /
   Indem Sieglinde ständig einen Türkischkurs besuchte, lernte sie
   Türkisch.
2. Mehmet hörte türkische Musik, indem er Raki trank (oder: Meh-
   met trank Raki und hörte türkische Musik.) Indem Mehmet ständig
   Raki trank, hörte er türkische Musik.
3. Gül nahm ab, indem sie wenig aß (oder: Gül aß wenig und nahm
   ab.) / Indem Gül ständig wenig aß, nahm sie ab.
4. Herr Braun lernte die Türkei kennen, indem er türkische Filme
   sah. (oder: Herr Braun sah türkische Filme und lernte die Türkei
   kennen.) / Indem Herr Braun ständig türkische Filme sah, lernte er
   die Türkei kennen.

1. Bursa / 2. Konya / 3. Edirne / 4. İzmit.

B/Ü

D 1 Peter: Mein lieber Zafer, erinnerst du dich, wann und wo wir uns kennengelernt hatten?
Zafer: Selbstverständlich erinnere ich mich. Zum ersten Mal waren wir uns an der Uni, in Professor Webers Vorlesung begegnet.
Peter: Ja, dann hattest du mich zum Essen eingeladen.
Zafer: Und du hattest mir beim Essen (ein) Bier bestellt.
Peter: Ja, dann waren wir zu dir gegangen, und du hattest mich mit deiner Familie bekanntgemacht.
Zafer: Dann hatten wir zusammen im Fernsehen einen türkischen Film angeschaut.
Peter: Und dann waren wir in die Disco gegangen.
Zafer: Ja, ich erinnere mich. An dem Abend hatten wir uns sehr gut unterhalten.

D/T **Ich wollte etwas fagen**

Heute wird aus der Türkei ein Verwandter von Zafer kommen. Um ihn abzuholen, fahren Zafer und Peter zum Münchner Flughafen.
Peter: Ob das Flugzeug wohl gelandet ist?
Zafer: Ich weiß nicht. Wahrscheinlich ist es noch nicht gelandet. Komm, fragen wir einen Angestellten beim Büro der Türkischen Fluggesellschaft.
Peter und Zafer gehen zum Büro der Türkischen Fluggesellschaft.
Ang.: Ja bitte? Hätten Sie einen Wunsch?
Zafer: Ja, ich wollte etwas fragen, Um wieviel Uhr kommt Ihre Maschine, die aus İzmir kommt, in München an?
Ang.: Die Maschine aus İzmir kam vor einer halben Stunde an.
Peter: Ach Gott, wie werden wir jetzt unseren Gast finden können?
Zafer: Wahrscheinlich sucht auch er jetzt uns. Los komm', wir wollen eine Durchsage geben lassen.
Ang.: Einen Moment. Hatten Sie die Maschine aus İzmir gesagt?
Peter: Ja.
Ang.: Ich muß (es) wohl verwechselt haben. Unsere Maschine, die aus Ankara kommt, ist gelandet, aber unsere Maschine aus İzmir wird sich um eine Stunde verspäten. Gehen Sie in den Wartesaal.

30

— Was machst du heute, nachdem du aus der Arbeit gegangen bist **D 2**
(nach der Arbeit)?
— Nachdem ich aus der Arbeit gegangen bin, (nach der Arbeit), wer-
de ich etwas einkaufen. Aber bevor ich einkaufen gehe, werde ich
einen Freund besuchen, der in Şişli wohnt.
— Was wirst du machen, wenn du nach Hause gehst?
— Wenn ich nach Hause gehe, werde ich mich ausruhen. Während ich
nach Hause gehe, kaufe ich vielleicht unterwegs eine Flasche Raki
und auch etwas Schafkäse.

Vural wartete, bis der Regen aufhörte　　　　　　　**T**

Heute abend ging Vural nach der Arbeit nicht gleich nach Hause.
Bevor er nach Hause ging, schaute er bei Çiçek Pasajı vorbei, weil er
Lust darauf hatte, Raki zu trinken. Als er in die Kneipe ging, sah er
dort einige Freunde von sich.Er saß mit ihnen zusammen und trank,
bis er betrunken wurde. Während Vural und seine Freunde in der
Kneipe saßen, begann es draußen zu regnen. Vural wartete, bis der
Regen aufhörte, dann verabschiedete er sich von seinen Freunden.
Während er nach Hause ging, kaufte er unterwegs Blumen für Feray.

Sehnsucht nach dem Meer　　　　　　　　　　　　　**Gedicht**

Ein Tropfen Wasser in meinem Auge wird zum Meer und tritt an die
Ufer,
ich brenne, ich brenne, als ob ich in der Wüste geblieben wäre;
die Seele aller Schiffer lebt in mir,
ich wähne den Himmel über meinem Kopf ein Meer.
Hej, Meer wie werde ich leben entfernt von dir?
Als ob dein Leuchtturm in meinen Augen flimmert!
Schlafen am Hafen jede Nacht schwankend
deine Schiffe, die mit goldenen Nägeln eingeschlagen? ...
...

1. (wörtlich: Der Baum biegt sich, wenn er naß ist) / sinngemäß: Was　　**Sprichwörter**
   Hänschen nicht lernt, lernt Hans nimmermehr.
2. (wörtlich: Wenn die Seele (den Körper) nicht verläßt, verläßt (ihn)
   auch der Charakter nicht) / sinngemäß: Die Katze läßt das Mausen
   nicht.
3. (wörtlich: Kremple die Hosenbeine nicht hoch, bevor du den Bach
   siehst) / sinngemäß: Man soll den Tag nicht vor dem Abend loben.

Volkslied   Die Straßen von Evreşe sind eng

Refrain: Die Straßen von Evreşe sind eng, eng,
mach mir nicht den Hof, ich habe (schon) einen Geliebten.
(oder: eine Geliebte.)

Ich habe eine Bäckerei bauen lassen
füllte die Brote hinein
komm laß uns zusammen essen
ich ließ Blätterteigpasteten machen.
Refrain
Die Weste auf deinem Rücken
habe nicht ich gestrickt
während du mit Mädchen sprachst,
habe ich nicht gesehen, mein Geliebter. (oder: meine Geliebte.)
Refrain
In meiner Weste
(ist) die blaue Glasperle Talisman gegen den bösen Blick
mein Geschenk für die Geliebte (oder: für den Geliebten)
ist eine winzige Halskette.
Refrain.

Karikaturen
1. Nichtsnutziger Kerl, warum bist du nicht um die Mitternacht betrunken gekommen? Und ich hatte mal so viel Vorbereitungen getroffen.
2. Mutti, schnell tu so, als ob du den Tisch deckst. Mein Vater bringt Wassermelonen.
3. Zum Glück bin ich gestürzt, als ich gerade die Bettlaken aufhing.
4. Frau, zünde am Abend das Bad (den Badeofen) an. Wenn ich von der Arbeit komme, nehme ich ein schönes Bad.

1. okumuştu / 2. gitmişti / 3. seyretmiştik / 4. ziyaret etmemiştim. / **Ü 1**
5. yazmış mıydı?

1. Bu filmi görmüş müydünüz? Evet görmüştüm (görmüştük) / Hayır, **Ü 2**
   görmemiştim (görmemiştik).
2. Akın bisikleti tamir ettirmiş miydi? Evet, tamir ettirmişti. / Hayır,
   tamir ettirmemişti.
3. Markus Türkçe öğrenmiş miydi? Evet, öğrenmişti. / Hayır, öğren-
   memişti.
4. Vural'la Feray Burgazada'da piknik yapmışlar mıydı? Evet, yapmış-
   lardı. / Hayır, yapmamışlardı.
5. Sevim saçını kestirmiş miydi? Evet, kestirmişti. / Hayır, kestirme-
   mişti.
6. Bluzu yıkamış mıydın? Evet, yıkamıştım. / Hayır, yıkamamıştım.
7. Yemek yemiş miydiniz? Evet yemiştim (yemiştik). / Hayır, yeme-
   miştim (yememiştik).
8. Misafirler çay içmişler miydi? Evet, içmişlerdi. / Hayır, içmemişlerdi.

1. Gül mutfakta ne yapıyordu? **Ü 3**
2. Siz demin kime telefon ediyordunuz?
3. Necla dün nereye gidiyordu?
4. Sen Filiz'e ne söylüyordun?
5. Markus İstanbul'da nerede oturuyordu?

1. Nuri eskiden daha çok çalışırdı. **Ü 4**
2. Eskiden her gün alışverişe giderdiniz.
3. Çocuklar geçen yıl her sabah spor yapardı (yaparlardı).
4. Oya eskiden her akşam televizyon seyrederdi.
5. Eskiden her gün beni ziyaret ederdin.

1. Fikret televizyon seyretti mi? Seyredecekti ama, vakti yoktu. **Ü 5**
2. Türkçe çalıştınız mı? Çalışacaktım (çalışacaktık) ama, vaktim (vakti-
   miz) yoktu.
3. Semra alışverişe gitti mi? Gidecekti ama, vakti yoktu.
4. Gülay elbiseyi dikti mi? Dikecekti ama, vakti yoktu.
5. Arabayı tamir ettirdin mi? Ettirecektim ama, vaktim yoktu.

1. konuşuyordun / 2. oynardı / 3. buluşacaktım / 4. oturuyordunuz / **Ü 6**
5. giderdi / 6. ettirecektin

Ü 7   Faruk yarın Adana'ya gidiyormuş. Orada şefiyle buluşacakmış. Arabası bozulan Faruk Adana'ya uçakla gidecekmiş. Faruk sık sık Adana'ya gidermiş. Nesrin Faruk'un pantalonlarını ütüler ve bavulunu hazırlarmış. Şimdi Nesrin akşam yemeği için patlıcan kızartıyormuş, Faruk da Markus'la telefonlaşıyormuş. Belki Markus da Faruk'la Adana'ya gidecekmiş.

Ü 8   1. Gülten elbiseyi dikmiş gibi görünüyor / Gülten elbiseyi dikecek gibi görünüyor.
Gülten elbiseyi dikmişe benziyor. / Gülten elbiseyi dikeceğe benziyor.
2. Feray ve Vural piknik yapmış gibi görünüyor / F. ve V. piknik yapacak gibi görünüyor.
Feray ve Vural piknik yapmışa benziyor / F. ve V. piknik yapacağa benziyor.
3. Komşuları ziyaret etmiş gibi görünüyorsunuz / Komşuları ziyaret edecek gibi görünüyorsunuz.
Komşuları ziyaret etmişe benziyorsunuz / Komşuları ziyaret edeceğe benziyorsunuz.
4. Çocuklar sinemaya gitmiş gibi görünüyor / Çocuklar sinemaya gidecek gibi görünüyor.
Çocuklar sinemaya gitmişe benziyor / Çocuklar sinemaya gideceğe benziyor.
5. Salih karpuzu yemiş gibi görünüyor / Salih karpuzu yiyecek gibi görünüyor.
Salih karpuzu yemişe benziyor / Salih karpuzu yiyeceğe benziyor.

Ü 9   1. iniyordur / 2. uğrayacaktır / 3. buluşmuştur / 4. bekliyorlardır / 5. tartışacaklardır / 6. yazacaktır.

Ü 10   Sayın bakan saat 17'de uçaktan inmiştir. İzmir Havaalanı'nda gazeteciler tarafından karşılanmıştır. Kendisine çiçek verenlere teşekkür etmiştir. Sayın Bakan bu akşam Efes Oteli'nin toplantı salonunda bir basın toplantısı yapacak ve işverenlerle görüşecektir. Yarın Ankara'ya dönecek olan çalışma bakanı, „enflasyon hızı gittikçe düşüyor" demiştir. Verehrter Minister stieg um 17 Uhr aus dem Flugzeug aus. Er wurde am Flughafen von Izmir von Journalisten empfangen. Er bedankte sich bei denen, die ihm Blumen gaben. Verehrter Minister wird heute abend im Tagungssaal des Efes Hotels eine Pressekonferenz geben und mit Arbeitgebern sprechen. Der Arbeitsminister, der morgen nach Ankara zurückreisen wird, sagte: „Die Inflationsrate sinkt immer mehr."

1. Dün hani bize uğrayacaktın? **Ü 11**
2. Tren muhakkak gelmiştir.
3. Ali her halde şimdi bizi bekliyordur.
4. Size bir şey soracaktım.
5. Dün Burgazada'da piknik yapacaktık ama, yağmur yağdı.
6. Geçen yıl Sieglinde Feray'ı her gün ziyaret ederdi.
7. Tam Türkçe çalışıyordum, misafir geldi.
8. Zafer bu akşam muhakkak rakı getirecektir.
9. Neriman anlattı, Mualla yarın Amerika'ya gidiyormuş.

1. Üniversitede okurken. **Ü 12**
2. Dil kursuna giderken.
3. İstanbul'da gezerken.
4. Kahvede otururken.

1. Nuri işsizken iş aradı. / 2. Hastayken doktora gittin. 3. Biz **Ü 13**
bahçedeyken yağmur yağdı. / 4. Münih'teyken birahanelere gittiniz.
5. Peter İstanbul'dayken müzeleri gezdi.

1. paramız varken / 2. arabası yokken / 3. radyonuz yokken / **Ü 14**
4. çocukları yokken / 5. misafirimiz varken.

1. Türkiye'den dönünce. / 2. Kars'a gidince / 3. Eski arabası bozulunca / **Ü 15**
4. Dil kursunu bitirince / 5. Kar yağınca.

1. Mehmet evine mektup yazınca Almanya'yı anlatır. **Ü 16**
2. Peter Türkçe gazete okuyunca Türkçe sözlük kullanır.
3. Sieglinde misafir davet edince Türk yemekleri pişirir.
4. Necla ütü yapınca çok yorulur.
5. Nuri arkadaşlarını görünce çok sevinir.
6. Fatma Türk filmi görünce ağlar.
7. Ünal İzmir'e gidince akrabalarını ziyaret eder.
8. Faruk bira içince çabuk uyur.

S 1   a) — Ist das Buch, das du liest, interessant?
— Ja, das Buch, das ich lese, ist sehr interessant.
— Wie war der Film, den ihr gesehen habt?
— Der Film, den wir gesehen haben, war gut.

b) — Woher kommt der Freund, den du morgen sehen wirst?
— Der Freund, den ich morgen sehen werde, ist aus Kars.
— Welche Marke ist das Auto, das du kaufen wirst?
— Das Auto, das ich kaufen werde, ist (ein) Mercedes.

c) — Wohnt der Freund, dem du ein Geschenk geschickt hast, in Istanbul?
— Nein, der Freund, dem ich ein Geschenk geschickt habe, wohnt in Edirne.
— Wohnt auch der Freund, von dem du gestern einen Brief bekommen hast, in Edirne?
— Nein, der Freund, von dem ich gestern einen Brief bekommen habe, kommt aus Sivas.

S 2   a) — Erinnerst du dich an den Tag, an dem wir nach Deutschland kamen?
— Natürlich erinnere ich mich. Und erinnerst du dich an das Haus, in dem wir damals gewohnt haben?

b) — Ich vergesse niemals den Garten, in dem wir gespielt haben.
— Ja, ich auch. Es gab auch einen großen Baum, unter dem wir saßen.

S 3   a) — Weißt du, daß Peter Türkisch lernt?
— Ja, Peter lernt seit einem Jahr Türkisch, und er freut sich darauf, daß er im Sommer in die Türkei fahren wird.

b) — Weißt du, wo Markus wohnt?
— Ja, ich weiß (es). Ich weiß auch, wo Markus arbeitet und wann er nach Deutschland zurückkehren wird.

c) — Glaubst du das, was Ali alles sagt?
— Ich glaube das, was Ali erzählt (hat). Ich werde das machen, was Ali möchte.

d) — Weißt du ob Markus Türkisch lernt (gelernt hat)?
— Ich glaube, daß Markus nun sehr gut Türkisch spricht.
— Ich weiß zwar nicht, ob Sieglinde und Markus nach Deutschland zurückkehren werden, aber ich glaube, daß sie nicht zurückkehren werden.

— Habt ihr geschwind den Brief geschrieben?
— Nein, wir haben den Brief nicht geschrieben.
— Und was habt ihr gestern gemacht?
— Wir haben ständig für die Prüfungen gelernt. Als am Abend Ali plötzlich auftauchte, kamen wir nicht aus dem Staunen heraus.

S 4

Mehmet Karataş' Leben in Deutschland

T 1

Als Mehmet Karataş nach Deutschland kam, war er 25 Jahre alt. Er war gekommen, weil er arm war und Geld sparen mochte, indem er seine Familie in seiner Heimat zurückließ. Obwohl er sich sehr nach seiner Familie sehnte, konnte er jahrelang nicht in die Türkei fahren. Jeden Tag, selbst wenn er krank war, arbeitete er in der Fabrik, denn wenn er nicht arbeitete, zahlte ihm die Fabrik kein Geld.
Wenn er abends nach der Arbeit in sein Zimmer im Heim kam, schrieb er Briefe nach Hause, hörte türkische Musik, trank Raki und weinte. Vor Müdigkeit war sein Gesicht ganz blaß, seine Augen waren ganz rot.
In der Fabrik, wo Mehmet arbeitete, gab es auch andere türkische Arbeiter. Wenn Mehmet an Wochenenden mit seinen Arbeitskollegen zum Bahnhof ging und den Zügen nachschaute, die in die Türkei abfuhren, begriff er, wie sehr er sein Land liebte.
Die Briefe, die er von seiner Familie bekam, las er tagelang, jahrelang weinend. Mehmet ist jetzt 60 Jahre alt.
Ja, wir haben erfahren, wie Mehmet hier lebt (gelebt hat). Eine traurige Geschichte, nicht wahr?

Ich freue mich, weil ich Türkisch lerne

T/D

Ruth, die Türkisch lernt, schaute heute nachmittag bei Gül vorbei. Kommt (kommen Sie), laßt (lassen Sie) uns zusammen die Unterhaltung der beiden Freundinnen anhören.
Ruth: Der Kaffee ist sehr schön, meine liebe Gül, danke.
Gül: Wohl bekomm's.
Ruth: Wie kannst du den türkischen Kaffee so schön kochen?
Gül: Ich koche den türkischen Kaffee, wie meine Mutter (es) mir beigebracht hat. Aber ich kann (ihn) natürlich nicht so gut kochen, wie meine Mutter (ihn) kocht. Soll ich dir noch eine Tasse einschenken? Du kannst so viel trinken, wie du möchtest.
Ruth: Danke, ja, ich bitte um noch eine Tasse. Jetzt erzähl mir bitte, wie du den türkischen Kaffee kochst. So weit ich weiß, werden in das Kännchen zuerst Wasser, dann Kaffee und Zucker getan. Nach dem, was Ayşe sagt, muß der Kaffee auf dem Feuer kochen und mit Schaum bedeckt sein. Ist das richtig?

39

Gül: Ja, richtig! So weit ich verstanden habe, wirst auch du sehr guten türkischen Kaffe kochen können. Hast du jeweils probiert, (den türkischen Kaffee) zu kochen, wie Ayşe (es dir) beigebracht hat?

Ruth: Ich hab's schon probiert, aber (er) wurde nicht so, wie ich wollte.

Gül: Warum wohl?

Ruth: Ich hatte deutschen Kaffee genommen, weil ich hier keinen türkischen Kaffee finden konnte.

Gül: Jetzt habe ich verstanden. Mit deutschem Kaffee kann natürlich kein türkischer Kaffee gekocht werden. Dann bringe ich dir als Geschenk türkischen Kaffee, wenn ich im Sommer in die Türkei fahre.

Ruth: Danke, ich würde mich sehr freuen. Seitdem ich angefangen habe, Türkisch zu lernen, interessiere ich mich für die türkische Küche.

Gül: Ist Türkisch für dich schwer?

Ruth: (Ja, es ist) etwas schwer, aber trotzdem freue ich mich, weil ich Türkisch lerne.

T 2   Wenn die Kunst im Turban ist

Eines Tages taucht ein Mann mit einem Brief in seiner Hand auf und gibt (ihn) Nasreddin Hodscha, indem er sagt „lies mal geschwind den Brief." Die Handschrift desjenigen, der den Brief geschrieben hat, ist sehr schlecht. Obwohl der Hodscha sich sehr viel Mühe gibt, will es ihm in keiner Weise gelingen, (den Brief) zu lesen, und er gibt den Brief dem Mann zurück. Der Mann, der sich sehr darüber ärgert, sagt zum Hodscha:

„Mensch, was für ein Lehrer bist du,
wenn du nicht lesen kannst,
wenn du dich nicht vor mir schämst,
schäm' dich vor deinem Turban."
Als der Hodscha dies hört, nimmt er seinen Turban weg und setzt (ihn) auf den Kopf des Mannes. Dann sagt er folgendes:
„Los, jetzt wollen wir sehen,
nimm du und lies, wenn es leicht ist,
den Brief, den du gebracht hast,

Gedicht   Lieder

Ich möchte nicht, daß du weinst, wenn ich sterbe,
erinnere dich an mich in dem Zustand, den du am liebsten hast,
stell' dir vor, daß ich an einem fernen Ort arbeite,
glaub' daran, daß ich am Leben bin,
Es kommt ein Tag, da geht deine ganze Trauer
von alleine weg.

40

(wörtlich: Ein Gast ißt nicht das, was er erwartet, sondern das, was er vorfindet (was ihm vorgesetzt wird) / sinngemäß: Man muß den Gegebenheiten Rechnung tragen.

1. Sein Onkel hat seine Autorecorder aus Deutschland geschickt. Da er kein Auto hat, gibt er so an.
2. Der Wassermelonenverkäufer ist gekommen. O je, ich muß wohl in das Stadtviertel gekommen sein, wo ich neulich die unreifen Wassermelonen verkauft habe.
3. Was für ein böses Kind bist du! Hilf doch deinem armen Väterchen, anstatt von der Tür zuzuschauen.

Ü 1

a/b)
1. Ruth'un okuduğu kitap ilginç.
   Ruth'un okuyacağı kitap ilginç.
2. Seyrettiğim film heyecanlı.
   Seyredeceğim film heyecanlı.
3. Peter'in okuduğu gazete Türkçe.
   Peter'in okuyacağı gazete Türkçe.
4. Ziyaret ettiğimiz arkadaş Karslı.
   Ziyaret edeceğimiz arkadaş Karslı.
5. Çocukların yediği ekmek taze.
   Çocukların yiyeceği ekmek taze.
6. Nesrin'in ütülediği pantalon gri.
   Nesrin'in ütüleyeceği pantalon gri.
7. Rastladığımız arkadaş Karslı.
   Rastlayacağımız arkadaş Karslı.
8. Yardım ettiğim adam hasta.
   Yardım edeceğim adam hasta.

Ü 2

1. Wer war der Mann, mit dem sich Faruk in Adana traf?
2. Mektup aldığımız Martin gelecek hafta Münih'e geliyor.
3. Sabine'nin dün sinemaya gittiği adam kimdi?
4. Die Familie, bei der wir morgen vorbeischauen werden, fährt nächste Woche in die Türkei.
5. İlgilendiğin kitabı buldun mu?
6. Der Lebensmittelhändler, bei dem wir einkaufen, hat mittags zu.
7. Feray'ın bahçede konuştuğu kadın kim?

Ü 3

1. Babasıyla konuştuğun çocuk altı yaşında.
2. Annesini sık sık ziyaret ettiğimiz Gülay Kadıköy'de oturuyor.
3. Arabasını tamir ettiğin arkadaş yarın Köln'e gidiyor.
4. Evini satın aldığımız aile Türkiye'ye döndü.
5. Bisikletlerini bozduğun çocuklar ağlıyor(lar).

Ü 4

a) 1. Vural'ın yazdığı mektubu aldınız mı?
   2. Diktiğim elbiseyi gördün mü?
   3. Filiz'in pişirdiği yemeği yedin mi?
   4. Aldığımız arabayı beğendiniz mi?

b) 1. Filiz pişirdiği yemeğe tuz koydu mu?
   2. Sevdiğimiz çocuğa oyuncak gönderdik mi?
   3. Tanıdığımız yaşlı kadına yardım ettik mi?
   4. Gül buluştuğu arkadaşa kitabı verdi mi?

(zum Beispiel)
1. Ali okuduğu kitabı bana verdi.
2. Nesrin'in ütülediği gömlek bavulda.
3. Oya'nın gördüğü filmi ben de gördüm.
4. Vural yazdığı mektubu postaneye götürdü.
5. Filiz diktiği elbiseyi annesine hediye etti.
6. Çocukların gördükleri film çok heyecanlıymış.
7. Sevim dün aldığı kazağı bugün giyiyor.

1. bineceğiniz vapur / 2. kaldığımız otel / 3. gittiğimiz lokantada /
4. oturduğu ev / 5. gezdikleri köyler / 6. çalıştığı fabrika

a) 1. Markus'un oturduğu evi gördün mü?
   2. İstanbul'a uçtuğumuz günü çocuklar hatırlıyor mu?
   3. Okuduğum üniversiteyi tanıyor musun?
   4. Vural'ın yemek yediği lokantayı Markus tanıyor mu?

b) 1. Yanında oturduğunuz komşu Sivaslı.
   2. İçine gömlekleri koyduğun dolap büyük.
   3. Üstüne adresi yazdığın zarf beyaz.
   4. Yanına sehpayı koyduğuıuz koltuk sarı.
   5. Önünde arabayı park ettiğiniz ev yakında.

   Hast du das Haus gesehen, in dem Markus wohnt(e)?
   Erinnern sich die Kinder an den Tag, an dem wir nach Istanbul
   geflogen sind?
   Kennst du die Universität, an der ich studiere (studiert habe)?
   Kennt Markus das Restaurant, wo Vural ißt (gegessen hat)?

   Der Nachbar, neben dem wir wohnen, ist aus Sivas.
   Der Schrank, in den du die Hemden gelegt hast, ist groß.
  3. Der Briefumschlag, auf den du die Adresse geschrieben hast, ist
   weiß.
  4. Der Sessel, neben den wir den Couchtisch gestellt haben, ist gelb.
  5. Das Haus, vor dem wir den Wagen geparkt haben, ist in der
   Nähe.

a/b)
1. Hans'ın Schwabing'te oturduğunu (oturacağını) biliyorsun.
2. Nurten'in Köln'e gittiğini (gideceğini) duyduk.
3. Peter'in Türkçe öğrendiğine (öğreneceğine) Zafer seviniyor.
4. Vural'ın Çiçek Pasajı'na gittiğine (gideceğine) Feray kızıyor.
5. Araba aldığını (alacağını) duydum.
6. İyi Türkçe konuştuğunuza (konuşacağınıza) inanıyoruz.

Ü 9
1. Dün hasta olduğumu biliyorsun.
2. Faruk'un arabası olmadığını biliyoruz.
3. Nuri'nin işsiz olduğunu duydunuz mu?
4. Mehmet Alman arkadaşları olmadığı için üzgün.
5. Emine bilgisayarı olduğuna seviniyor.
6. Gabi'nin kocasının doktor olduğunu biliyor muydun?

Ü 10
a) 1. Çocuk bize dün iki tane dondurma yediğini anlattı.
2. Norbert bize Türk yemeklerini çok sevdiğini söyledi.
3. Mehmet Hüseyin'e Türkiye'yi çok özlediğini ağlayarak anlattı.
4. Faruk Vural'a kullanılmış bir araba aradığını anlattı.
5. Markus Sieglinde'ye bugün üniversitede ne yaptığını sordu.
6. Baba anneye çocukların bugün ne yaptığını sordu.

b) 1. Fatma bize hasta olduğunu söyledi.
2. Emine bugün bize evde olduğunu söyledi.
3. Ayşe size çocuğu olmadığını söyledi.
4. Çocuklar öğretmene bisikletleri olmadığını söylediler.
5. Orhan bize deli olduğumuzu söyledi.
6. Size çalışkan olduğunuzu söyledik.

c) 1. Peter Markus'a İstanbul'da arkadaşları ziyaret edeceğini yazdı.
2. Peter Markus'a deniz kenarında bir otelde kalacağını yazdı.
3. Peter Markus'a müzeleri ve sarayları gezeceğini yazdı.
4. Peter Markus'a çok fotoğraf çekeceğini yazdı.

Ü 11
1. nerede oturduğunu / 2. ne zaman geleceklerini / 3. nasıl pişirdiğini /
4. neden ziyaret etmediğini / 5. ne zaman ineceğini / 6. ne zamandan
beri oturduğunu / 7. saat kaçta geleceklerini / 8. kime yazdığını /.

Ü 12
a/b)
1. Anlattığınıza inandık — Anlattıklarınıza inandık.
Anlatacağınıza inanacağız — Anlatacaklarınıza inanacağız.
2. Thomas'ın söylediğine güldün — Thomas'ın söylediklerine güldün.
Thomas'ın söyleyeceğine güleceksin — Thomas'ın söyleyeceklerine güleceksin.
3. Nesrin'in istediğini Faruk yaptı — Nesrin'in istediklerini Faruk yaptı.
Nesrin'in isteyeceğini Faruk yapacak — Nesrin'in isteyeceklerini Faruk yapacak.
4. Pişirdiğinizi yedik — Pişirdiklerinizi yedik.
Pişireceğinizi yiyeceğiz — Pişireceklerinizi yiyeceğiz.

1. Canan'ın pişirdiğini yiyoruz.
2. İzmir'de gördüklerini bize anlat.
3. Söylediğinizin yalnız yarısı anladım.
4. Petra'nın bildiklerini biz de biliyoruz.
5. Okuduklarınızı ben de okudum.
6. Çocuklar babanın istediğini yapıyorlar.
7. Thomas'ın söylediğine inanıyor musun?

Ü 13

a/b)
1. Faruk araba aldığı (alacağı) için seviniyor.
2. Gisela Türk konuklar çağırdığı (çağıracağı için) Türk yemekleri pişiriyor.
3. Sieglinde ile Markus Marmaris'e seyahat ettikleri (edecekleri) için bavul hazırlıyorlar.
4. Öğrenciler Türkçe öğrendikleri (öğrenecekleri) için Türkçe kitabı alıyor.

Ü 14

1. Hasta olduğum için doktora gittim.
2. Vaktimiz olmadığı için dün sizi ziyaret edemedik.
3. Çok parası olmadığı için Faruk kendine kullanılmış bir araba alıyor.
4. Çocuklar yorgun oldukları için erken yatıyor.
5. Mehmet işten sonra yorgun olacağı için hemen eve gidecek.

Ü 15

1. Rolf Türk yemekleri sevdiğinden (dolayı/ötürü) Türk lokantasına gider.
2. Mehmet Türkiye'yi özlediğinden (dolayı/ötürü) Türk müziği dinler.
3. Televizyon seyrettiğimizden (dolayı/ötürü) geç yatarız.
4. Nuri işsiz olduğundan (dolayı/ötürü) yeni bir iş arar.
5. Peter pasaportunu kaybettiğinden (dolayı/ötürü) polise gider.

Ü 16

1. Araba bozulduğu takdirde Faruk oto tamircisine gider.
2. Erken kalktığınız takdirde trene yetişirsiniz.
3. Markus Türkçe öğrendiği takdirde Türkiye'de iş bulur.
4. Hüseyin oturma izni aldığı takdirde Almanya'da kalır.

Ü 17

Ü 18   a) 1. Gisela konuklar davet ettiği halde yemek pişirmiyor.
2. Nasreddin Hoca yüzüğünü evde kaybettiği halde sokakta arıyor.
3. Hacivat yeni kasket aldığı halde Karagöz'e göstermiyor.
4. Nuri işsiz kaldığı halde iş aramıyor.
5. Yorgun olduğumuz halde geç yatıyoruz.

b) 1. Erken kalkacağımız halde geç yatıyoruz.
2. Emine yarın Almanca kursuna başlayacağı halde defter ve kalem almıyor.
3. Gisela konuklara karnıyarık pişireceği halde patlıcan almıyor.
4. Yarın İstanbul'a uçacağınız halde uçak bileti almıyorsunuz.

c) 1. Sieglinde Türkçe bildiği halde neden Türkoloji okumuyor? / Dil kursunu bitirmediği için.
2. Türkiye'yi özlediği halde Mehmet Karataş neden hala Almanya'da kalıyor? / Daha para biriktirmek istediği için.
3. İstanbul'da kalmak istediği halde Faruk neden Adana'ya gidiyor? / Şefi onu Adana'ya gönderdiği için.
4. Yarın İstanbul'a uçacağı halde Nurten neden bavulunu hazırlamıyor? / Tembel olduğu için.
5. Çok yorgun olduğumuz halde neden eve gitmiyoruz? / Grameri bitirmediğimiz için.

Ü 19   a/b)
1. Gül Türk kahvesi pişirdiğinde Ruth'u davet etti.
Gül Türk kahvesi pişirdiği zaman (vakit) Ruth'u davet etti.
2. İzmir'e gittiğinizde saat kulesini gezdiniz.
İzmir'e gittiğiniz zaman (vakit) saat kulesini gezdiniz.
3. Öğrenciler kantinde oturduklarında çay içtiler.
Öğrenciler kantinde oturdukları zaman (vakit) çay içtiler.
4. Alışverişe çıktığında manto aldın.
Alışverişe çıktığın zaman (vakit) manto aldın.

c)
1. Okula gittiğimde altı yaşındaydım / Okula gittiğim zaman altı yaşındaydım.
2. Bahçede oynadığında küçüktün / Bahçede oynadığın zaman küçüktün.
3. Arzu öğretmen olduğunda 23 yaşındaydı / Arzu öğretmen olduğu zaman 23 yaşındaydı.
4. Güzel vakit geçirdiğimizde Türkiye'deydik / Güzel vakit geçirdiğimiz zaman Türkiye'deydik.

1. Rolf Türk arkadaşlarla tanıştığından beri Türkçe öğreniyor.
2. Schwabing'te oturduğumuzdan beri her akşam diskoteğe gidiyoruz.
3. Araba aldığınızdan beri hafta sonlarında dağlara gidiyorsunuz.
4. Markus Türkiye'de yaşadığından beri Türkiye'yi çok seviyor.

Ü 20

1. Emine kursa gittiği sürece (müddetçe) her akşam Almanca kelimeler ezberledi.
2. Markus İstanbul'da oturduğu sürece (müddetçe) her akşam Vural'la tavla oynadı.
3. Her gün alışverişe çıktığımız sürece (müddetçe) çok para harcadık.
4. Faruk araba almadığı sürece (müddetçe) bisikletle işe gitti.

Ü 21

1. Hacivat yeni kasket aldığı gibi Karagöz'e gösterdi.
2. Çocuk başını yastığa koyduğu gibi uyudu.
3. Bavulumuzu hazırladığımız gibi havaalanına gittik.
4. Öğrenciler kitabı okudukları gibi tartışmaya başladılar.

Ü 22

1. Hasta olduğum için bugün işe gitmedim.
2. Feray misafir davet ettiği zaman çok güzel yemek yapar.
3. Sieglinde dil kursundan diploma aldığı takdirde Türkoloji okuyabilir.
4. Peter Zafer'i ziyaret ettiği zaman hep hediye götürür.
5. Çok yorgun olduğumuz için dün erken yattık.
6. Paran olduğu takdirde arabanı tamir ettirebilirsin.
7. Faruk Adana'ya gittiği zaman Çakmak Caddesi'nde bir otelde kalır.
8. Markus Türkiye'de yaşadığından beri çok iyi Türkçe konuşuyor.
9. Peter pasaportunu kaybettiği gibi polise gitti.
10. Dün gece konuklarımız olduğu ve çok geç yattığımız için bu sabah erken kalkamadık.

Ü 23

1. kadar / 2. kadarıyla / 3. gibi / 4. göre / 4. ilişkin / 6. dair

Ü 24

a/b)
1. Gül'ün Ruth için kahve pişirip pişirmediğini (pişirmeyeceğini) bilmiyorum.
2. Bavulunu hazırlayıp hazırlamadığını (hazırlamayacağını) bilmiyorum.
3. Filmin ödül kazanıp kazanmadığını (kazanmayacağını) bilmiyoruz.
4. İzmir'de saat kulesini gezip gezmediğinizi (gezmeyeceğinizi) bilmiyorum.

Ü 25

Ü 26
1. Faruk'un yazmış olduğu mektubu Nesrin aldı.
2. Senin okumuş olduğun kitabı ben de okudum.
3. Filiz'in almış olduğu mavi kazağı beğendik.
4. Gül'ün pişirmiş olduğu kahveyi Ruth içti.

Ü 27 a/b)
1. Çocuklar süt içeceklerine (içecekleri yerde) gazoz içtiler.
2. Öğrenciler Türkçe gazete okuyacaklarına (okuyacakları yerde) Almanca gazete okudular.
3. Gisela karnıyarık pişireceğine (pişireceği yerde) pilav pişirdi.
4. Stefan araba alacağına (alacağı yerde) motosiklet aldı.
5. Türk filmi seyredeceğimize (seyredeceğimiz yerde) televizyon seyrettik.
6. Sebze yiyeceğine (yiyeceğin yerde) ekmek yedin.

Ü 28 a/b)
1. Yemeğin pişirildiğini (pişirileceğini) biliyor musunuz?
2. Pantalonun ütülendiğini (ütüleneceğini) Faruk biliyor mu?
3. Elbisenin dikildiğini (dikileceğini) anne biliyor mu?
4. Evin satıldığını (satılacağını) biliyor musun?
5. Mektubun yazıldığını (yazılacağını) şef biliyor mu?

Ü 29 a)
1. Sizi görebildiğimize (görebileceğimize) seviniyoruz.
2. Sizi ziyaret edebildiğimize (edebileceğimize) seviniyoruz.
3. Sizinle tanışabildiğimize (tanışabileceğimize) seviniyoruz.
4. Sizde kalabildiğimize (kalabileceğimize) seviniyoruz.

b)
1. Sizi göremediğimiz (göremeyeceğimiz) için üzgünüz.
2. Sizi ziyaret edemediğimiz (edemeyeceğimiz) için üzgünüz.
3. Sizinle tanışamadığımız (tanışamayacağımız) için üzgünüz:
4. Sizde kalamadığımız (kalamayacağımız) için üzgünüz.

1. Mehmet oturma iznini uzatması gerektiğini biliyor / M. oturma iznini uzatmaya mecbur olduğunu biliyor / M. oturma iznini uzatmak zorunda olduğunu biliyor. **Ü 30**
2. Baba çocuğa pabuç alması gerektiğini biliyor / Baba çocuğa pabuç almaya mecbur olduğunu biliyor / Baba çocuğa pabuç almak zorunda olduğunu biliyor.
3. Yarın doktora gitmen gerektiğini biliyorsun / Yarın doktora gitmeye mecbur olduğunu biliyorsun / Yarın doktora gitmek zorunda olduğunu biliyorsun.
4. Öğrenciler sınavlar için çalışmaları gerektiğini biliyorlar / Öğrenciler sınavlar için çalışmaya mecbur olduklarını biliyorlar. Öğrenciler sınavlar için çalışmak zorunda olduklarını biliyorlar.
5. Kilo vermem gerektiğini biliyorum / Kilo vermeye mecbur olduğumu biliyorum / Kilo vermek zorunda olduğumu biliyorum.
6. Yarın erken kalkmanız gerektiğini biliyorsunuz / Yarın erken kalkmaya mecbur olduğunuzu biliyorsunuz / Yarın erken kalkmak zorunda olduğunuzu biliyorsunuz.

Ü 31

1. Evin satıldığını öğrendik.
2. Ünal kendine yeni bir bisiklet alabildiğine seviniyor.
3. İzmir'deki amcamı ziyaret edemediğim için üzgünüm.
4. Okumaya mecbur olduğun (okumak zorunda olduğun) kitap nerede?
5. Faruk'un Adana'ya gitmesi gerektiğini (gitmeye mecbur olduğunu, gitmek zorunda olduğunu) duyduk.
6. Uçak sise karşın inebildiği zaman yolcular sevindi.
7. Evin satılması gerektiğini biliyor muydun?
8. Yemek nihayet pişirebildiği zaman çok açtık.

Ü 32

a. yıkayıver (yıkayıverin) / b. yapıver (yapıverin) / c. yazıver (yazıverin) / d. ütüleyiver (ütüleyiverin) / e. örüver (örüverin)

Ü 33

1. Dün öğrenciler ders çalışıp durdular.
2. Dün Nesrin ütü yapıp durdu.
3. Dün çamaşır yıkayıp durdum.
4. Dün televizyon seyredip durdunuz.

Ü 34

1. uyuyakalmışım / 2. yıkayıverdim / 3. çıkageldi 4. şaşakaldım / 5. devam edegelen (süregelen) / 6. gidedurun.

S 1
a) — Ist es schwer, Türkisch zu lernen?
— Nein, es ist nicht schwer, Türkisch zu lernen.
— Ist es möglich, in kurzer Zeit Türkisch zu lernen?
— Wenn du dir Mühe gibst, ist es möglich.

b) — Hast du vor, die Ferien im Ausland zu verbringen?
— Ich habe nichts dagegen, die Ferien im Ausland zu verbringen, aber bei diesen Teuerungen ist es nicht möglich, in ein fremdes Land zu reisen.

S 2
a) — Ich wollte dich bitten, morgen bei mir vorbeizuschauen (daß du morgen bei mir vorbeischaust). Ob es möglich ist, daß du morgen bei mir vorbeischaust?
— Leider ist es unmögıch, daß ich morgen bei dir vorbeikomme, denn ich muß einen Freund besuchen, der im Krankenhaus liegt.

b) — Was macht Nesrin?
— Sie wartet darauf, daß Faruk aus Adana zurückkommt. Sie ärgert sich darüber, daß Faruk sich seit einer Woche in Adana aufhält.

c) — Was macht Zafer?
— Er freut sich, daß Peter Türkisch lernt.
— Kann Peter gut Türkisch sprechen?
— Ja, uns allen gefällt es, wie Peter Türkisch spricht.

T 1   **Die berühmte Schauspielerin steigt gerade aus dem Flugzeug aus**

Liebe (Hörerinnen und) Hörer, im Teil ‚Kunstnachrichten‘ des Programms ‚Tagesschau‘ sehen Sie nun Aufnahmen vom Antalya-Filmfest.
Die berühmte Schauspielerin, die anläßlich des ‚Goldene Orange‘-Filmfests nach Antalya gekommen ist, steigt gerade aus dem Flugzeug aus. Die Künstlerin, die die Fotografen anlächelt, bedankt sich für die Blumen, die ihr gegeben werden.
Die berühmte Schauspielerin, die auch nach dem Filmfest eine Zeitlang in Antalya bleiben wird, sagte den Journalisten, daß sie einen Film dreht, dessen Thema sich am Mittelmeer abspielt. Nach dem Empfang am Flughafen wird die berühmte Künstlerin im Tagungssaal des Hotels ‚Silberstrand‘ eine Pressekonferenz abgeben.

Wie habt ihr das Wochenende verbracht?

Emine und Hüseyin Yılmaz: Wir verbrachten das Wochenende, indem wir uns erholten.

Sabine: Geschweige denn mich zu erholen, wurde ich überaus müde vom Lernen für die Prüfungen.

Sinan: Müde sein ist gar kein Ausdruck. Auch ich mußte die Nacht über aufbleiben, um mich auf die Prüfungen vorzubereiten.

Sieglinde und Markus: Mit dem Ziel ein Picknick zu machen, fuhren wir am Wochenende auf die Burgaz-Insel, aber dann schlug das Wetter um, und wir mußten eilig in die Stadt zurückfahren.

Feray und Vural: Wir erholen uns am Wochenende im allgemeinen so, indem wir klassische Musik hören. Und ihr?

Es ist sehr schön, in Istanbul zu leben

T 2

Sie kennen Sieglinde Bauer, die, nachdem sie zwei Jahre Sprachkurse besucht hat, sich im Turkologie-Institut der Universität Istanbul eingeschrieben hat und mit ihrem Verlobten Markus in Istanbul lebt. Sieglinde und Markus, die noch nicht vorhaben, nach Deutschland zurückzugehen, klagen darüber, daß sie vor Arbeiten keine Zeit (dazu) finden, die Stadt ausreichend zu besichtigen, obwohl sie, „es ist sehr schön, in Instanbul zu leben", sagen.

Sieglinde, die ihre Tage damit verbringt, in die Universität zu gehen, beschäftigt sich neben dem Lernen der türkischen Literatur auch damit, Osmanisch zu lernen. Auch Markus muß Tag und Nacht arbeiten, nachdem er bei einer deutschen Firma in Istanbul eine Stelle gefunden hat. Aber Markus, der dafür ist, die Freizeit gut auszunutzen, kann trotzdem für seine Hobbies Zeit finden, obwohl er sehr viel arbeitet. Er fährt nach Şile, Kilyos, auf die Prinzeninseln und manchmal sogar nach Bursa, mit dem Ziel, Fotos zu machen. Markus, der, jedesmal wenn er nach Bursa fährt, auf den Uludağ steigt, kann es nicht unterlassen, auch die historischen Bauten zu besichtigen. Sieglinde und Markus, die manchmal, anstatt Fotos zu machen, ihre Wochenenden auch damit verbringen, sich mit ihren türkischen Freunden zu treffen, hoffen, ihre Aufenthaltserlaubnis in der Türkei zu verlängern, obwohl sie sich nach München sehnen.

Gedicht Die Treppe

Ganz langsam wirst du diese Treppen hinaufklettern
an deinem Saum ein Haufen sonnenfarbener Blätter
und eine Zeitlang wirst du weinend in den Himmel schauen.

Die Wasser werden gelb ... immer mehr verwelkt dein Gesicht,
schau in die blutroten Lüfte, es wird Abend ...

Über die Erde gebeugt bluten, ständig bluten die Rosen,
die blutigen Nachtigallen stehen wie Flammen auf den Zweigen.
Brannten die Wasser, warum ähnelt das Marmor der Bronze?

Das ist eine Geheimsprache, die in die Seele hineinströmt,
schau in die blutroten Lüfte, es wird Abend ...

Sprichwörter Die wörtliche und die sinngemäße Übersetzung sind im Lehrbuch
angegeben.

Karikatur Was ist denn, Mensch? Mischen wir uns (in eure Angelegenheiten) ein,
daß ihr Hühner züchtet?

Zusatztext **Horoskop**

Widder (21. März — 20. April) — Sie sind jemand, der gut sprechen
kann, ein Wort, das genau am richtigen Ort und in der richtigen Zeit
gesagt werden wird, wird genügen.
Stier (21. April — 20. Mai) — Sie können nicht für sich sorgen. Anstatt
immer zu klagen, müssen Sie ein bißchen so handeln können, wie es
nötig ist.
Zwillinge (21. Mai — 20. Juni) — Sie müssen eine Entscheidung treffen.
Aber es ist gar nicht nötig, dafür in eine angespannte Atmosphäre zu
geraten.
Krebs (21. Juni — 20. Juli) — Sie haben sich nach der Person gesehnt,
die Sie lieben. Sie brauchen ihre Zärtlichkeit und ihr herzliches
Reden so sehr ...
Löwe (21. Juli — 20. August) — Sie können sich davon befreien, die
Person in der Familie zu sein, die kritisiert wird. Können Sie nur ein
bißchen Interesse zeigen, genügt das.
Jungfrau (21. August — 20. September) — Ihre sozialen Kontakte
werden immer besser, versuchen Sie, die Grenze nicht zu über-
schreiten, damit ein Konflikt mit ihren Freunden verhindert werden
kann.
Waage (21. September — 20. Oktober) — Weht ein Streitwind? Das
macht nichts, das ist nichts anderes als der vorübergehende Einfluß
des steigenden Mondes.

Skorpion (21. Oktober — 20. November) — Sorgen ... Unentschlossenheiten ... Sorge und Schüchternheit! Haben Sie nicht verstehen können? Es ist ein Zustand, in den Sie der Frühling versetzt. Es wird (schon) vorbeigehen.

Schütze (21. November — 20. Dezember) — Gehen Sie in keinem Punkt zu weit, weder zu vieles Essen, noch zu viel Liebe, noch übermäßiges Trinken ist gut für Sie.

Steinbock (21. Dezember — 20. Januar) — Wenn Sie mit gutem Willen handeln, werden Sie nötige und erfolgreiche Schritte getan haben. Bei der Arbeit und in der Liebe haben Sie Glück.

Wassermann (21. Januar – 20. Februar) – Eine Untätigkeit immerfort, Ihre Gefühle sind sozusagen wie verwelkt. Aber zum Glück werden Sie mit dem Einfluß Ihres Sterns aus diesem Zustand herauskommen.

Fische (21. Februar — 20. März) — Sie hören etwas zu viel auf sich, aber zeigen Sie sich einem Arzt, anstatt Ihre Beschwerden auf die Seite zu werfen.

Ü 1

a) (z. B.)
1. Türkçe öğrenmek zor değil.
2. Kısa zamanda Türkçe öğrenmek mümkün mü?
3. Yaşlı kadına yardım etmek gerek.
4. Filiz gibi güzel bir kızı sevmemek imkânsız.
5. Bu sıcak havada buz gibi bir ayran içmemek olmaz (olmuyor).
6. Konya'ya gittiğimizde medreseleri gezmemek olmaz (olmuyor).
7. Bursa'ya gidince Uludağ'a çıkmak gerek.

b)
1. Es ist nicht schwer, Türkisch zu lernen.
2. Ist es möglich, in kurzer Zeit Türkisch zu lernen?
3. Man muß (soll) der alten Frau helfen.
4. Es ist nicht möglich, ein so hübsches Mädchen wie Filiz nicht zu mögen.
5. Bei diesem heißen Wetter geht es nicht, ohne einen kalten Ayran (= Joghurtgetränk) zu trinken.
6. Es geht nicht, die Medresen (= ehemalige theologische Hochschulen) nicht zu besichtigen, wenn wir nach Konya fahren.
7. Wenn man nach Bursa fährt, muss man auf den Uludağ steigen.

Ü 2

1. İzni (tatili) evde geçirmeğe niyetim yok.
2. Bu kitabı okumaya değer mi?
3. Feray Sieglinde'ye telefon etmeğe vakit bulamadı.
4. Televizyon almaya karşı değilim.
5. Size yardım etmeğe hazırız.

Ü 3

a/b)
Anne mutfakta pasta yapmakta(ydı). Baba televizyonun önünde oturmakta ve haberleri dinlemekte(ydi). Kedi sobanın yanında uyumakta(ydı). Çocuklar odalarında müzik dinlemekte(ydi). Büyükanne örgü örmekte(ydi) büyükbaba koltukta gazetesini okumakta(ydı). Ne güzel bir kış akşamı(ydı), değil mi?

Ü 4

a) 1. -mak amacıyla (arzusuyla, üzere) / 2. -mak düşüncesi bile / 3. -mek bir yana (şöyle dursun) / 4. -mak suretiyle / 5. -mak amacıyla (arzusuyla, üzere) / 6. -mak şartıyla

b) 1. Mit dem Ziel (Wunsch), in der Türkei ein Haus zu kaufen, spart Mehmet Geld, bzw. um in der Türkei ein Haus zu kaufen, spart Mehmet Geld.

2. Allein der Gedanke, nach dem Studium keine Arbeit zu finden, macht uns Angst.
3. Während der Prüfungen haben die Studenten nicht einmal ferngeschaut, geschweige denn in die Discothek zu gehen.
4. Gül konnte eine neue Wohnung finden, indem sie sich die Inserate in der Zeitung anschaute.
5. Mit dem Ziel (Wunsch), auf den Uludağ zu steigen, fuhr Peter nach Bursa, bzw. um auf den Uludağ zu steigen, fuhr Peter nach Bursa.
6. Unter der Bedingung, es sofort zu lesen, bekam ich dieses Buch von Orhan.

Ü 5

a) 1. Emine kursa gitmek yerine evde kaldı.
2. Hüseyin otobüse binmek yerine yürüyerek fabrikaya gitti.
3. Peter sinemaya gitmek yerine Zafer'e uğradı.
4. Kitap okumak yerine televizyon seyrettik.
5. Konya'ya gitmek yerine Sivas'a gittin.

b) 1. Filiz kazak almaktansa bluz almayı tercih eder.
2. Peter Sivas'a gitmektense Konya'ya gitmeyi tercih eder.
3. Gazete okumaktansa dergi okumayı tercih ederiz.
4. Sinemaya gitmektense tiyatroya gitmeyi tercih ederim.
5. Et yemektense sebze yemeyi tercih ediyorsunuz.

Ü 6

a) 1. -mekle / 2. -makla / 3. -makla uğraştı / 4. -makla kalmadı / 5. mekle beraber / 6. -mekle kalmadı

b) 1. Sieglinde lernte gut Türkisch, indem sie in einen Sprachkurs ging.
2. Die Studenten verbrachten das Wochenende mit Lernen.
3. Nesrin gab sich den ganzen Tag damit ab, Wäsche zu waschen.
4. Nesrin hat nicht nur Wäsche gewaschen, sondern auch gebügelt.
5. Obwohl Hülya jeden Tag Kuchen ißt, nimmt sie nicht zu.
6. Hülya gab sich nicht damit zufrieden, Kuchen zu essen, sie aß auch Blätterteigpastete.

Ü 7

1. Hans Bursa'ya gitti ama, bununla beraber Uludağ'a çıkmadı.
2. Nuri iş aradı ama, bununla beraber henüz iş bulamadı.
3. Nasreddin Hoca yüzüğünü evde kaybetti ama, bununla beraber onu sokakta aradı.
4. Peter pasaportunu kaybetti ama, bununla beraber polise gitmedi.

8B

Ü 8

1. Feray, Vural'ın eve erken gelmesini istiyor.
2. Nesrin, Faruk'un Adana'dan dönmesini bekliyor.
3. Bize mektup yazmanızı istiyoruz.
4. Bana uğramanı umuyorum.
5. Konuklar, Gül'ün kahve pişirmesini bekliyor.

Ü 9

1. Doktor Mehmet'e çok sigara içmemesini söyledi.
2. Size bize telefon etmenizi söyledik.
3. Feray, Vural'a akşam yemeği için alışveriş yapmasını söyledi.
4. Vural, Faruk'a kullanılmış bir araba almasını söyledi.
5. Adam, Nasreddin Hoca'ya mektubu okuyuvermesini söyledi.

Ü 10

a) 1. Misafirin gelmesi halinde Türk kahvesi pişiririz.
2. Havanın kötü olması halinde piknik yapamayız.
3. Yorgun olman halinde akşama sinemaya gidemezsin.
4. Faruk, bilet bulması halinde Adana'ya uçakla gidecek.

b) 1. Udo Türkçe bilmesine rağmen (karşın) Türkçe konuşmuyor.
2. Sinan bugün hasta olmasına rağmen (karşın) üniversiteye gitti.
3. Mehmet yorgun olmasına rağmen (karşın) çok çalışıyor.
4. Nasreddin Hoca mektubu okumak istemesine rağmen (karşın) okuyamadı.

c) 1. Yorgun olmamız nedeniyle erken yattık / Yorgun olmamızdan dolayı (ötürü) erken yattık.
2. Gisela Türk konuklar davet etmesi nedeniyle Türk yemekleri pişirdi. / Gisela Türk konuklar davet etmesinden dolayı (ötürü) Türk yemekleri pişirdi.
3. Peter Türkçe gazete okuması nedeniyle çok Türkçe sözcükler öğrendi / Peter Türkçe gazete okumasından dolayı (ötürü) çok Türkçe sözcükler öğrendi.
4. Emine Almanca kursuna devam etmesi nedeniyle artık çok iyi Almanca konuşuyor / Emine Almanca kursuna devam etmesinden dolayı (ötürü) artık çok iyi Almanca konuşuyor.

d) 1. Kilo vermem için az yemek yiyorum.
2. Çocuklar erken kalkmaları için erken yattılar.
3. Türkçe öğrenmesi için Udo'ya bir Türkçe kitabı hediye ettim.
4. Feray, Sieglinde ile buluşabilmesi için bürodan erken çıktı.

a) 1. Çimenlere basılmaması rica olunur. **Ü 11**
   2. Burada ateş yakılmaması rica olunur.
   3. Trenin penceresinden sarkılmaması rica olunur.
   4. Gürültü yapılmaması rica olunur.

b) 1. Mektubun yazılmasını bekliyoruz.
   2. Gül'ün yarın beni ziyaret edebilmesini umuyorum.
   3. Mehmet çok çalışmaya mecbur olmasına (çok çalışmak zorunda olmasına) kızıyor.
   4. Mehmet Alman arkadaşlar bulamamasına üzülüyor.
   5. Arabanın tamir edilebilmesini umuyoruz.

a) 1. gidişimizde / 2. oluşlarıdır / 3. gelişine / 4. telefon etmeyişine / **Ü 12**
   5. gidişinden / 6. uğrayışının

b) 1. Als wir einmal nach Izmir fuhren, besichtigten wir den Uhr-turm.
   2. Eine gute Eigenschaft der Türken ist ihre Gastfreundschaft (bzw.: Eine gute Eigenschaft der Türken ist die, daß sie gast-freundlich sind).
   3. Ich habe mich gefreut, daß der Zug pünktlich (an)gekommen ist.
   4. Wir ärgern uns darüber, daß Hans uns nicht anruft.
   5. Wußtest du davon, daß Ali nach Amerika fährt (gefahren ist)?
   6. Du weißt den Grund, warum Faruk bei uns vorbeikommt.

a) 1. Bize uğramamazlık etmeyin. **Ü 13**
   2. Ali'ye telefon etmemezlik etme.
   3. Komşulara yardım etmemezlik etme.
   4. Hasta arkadaşı ziyaret etmemezlik etmeyin.

b) 1. Hans beni işitmemezlikten geldi.
   2. Dün bizi anlamamazlıktan geldiniz.
   3. Sabine dün Sinan'a inanmamazlıktan geldi.
   4. Ünal bu konuyu bilmemezlikten geldi.

S 1 a) — Wenn ich morgen einkaufen gehen würde, würde ich mir eine Bluse kaufen.
— Wenn ich mir eine Bluse kaufen würde, würde ich auch einen Rock kaufen.

b) — Was würdest du tun, wenn du reich wärest?
— Ich? Wenn ich viel Geld hätte, würde ich viel reisen.

c) — Käme doch Vural, nachdem er das Büro verläßt, zu uns!
— Wenn Vural uns wenigstens anriefe!

d) — Ob wir jetzt einen Kaffee trinken sollen?
— Oder ob wir einen Tee trinken sollen?
— Ob ich Kaffee oder Tee trinke, bekommt mir nicht. Am besten trinke ich etwas Kaltes.

e) — Was würdest du alles kaufen, wenn du morgen einkaufen gehen würdest?
— Bestenfalls würde ich ein Paar Sommerschuhe kaufen.

f) — Wie wäre es, wenn ich jetzt einen türkischen Kaffee kochen würde?
— Es wäre schön, wenn du jetzt einen türkischen Kaffee kochen würdest.

S 2 a) — Was würdest du tun, wenn du in Istanbul gelebt hättest?
— Wenn ich in Istanbul gelebt hätte, hätte ich jeden Tag am Bosporus Fisch gegessen.
— Was hätten wir heute gemacht, wenn das Wetter schön gewesen wäre?
— Wenn das Wetter schön gewesen wäre, hätten wir ein Picknick gemacht.
— Was hättest du heute gemacht, wenn du in die Uni gegangen wärest?
— Wenn ich heute in die Uni gegangen wäre, hätte ich mit dem Professor gesprochen.

b) — Würde Filiz den Pulli kaufen?
— Filiz würde den Pulli kaufen, aber sie hatte nicht viel Geld dabei.
— Würden Sie einen Kaffee trinken?
— Ja, ich würde gerne einen Kaffee trinken.

S 3 a) — Ist Peter zur Post gegangen?
— Nein, Peter ist noch nicht zur Post gegangen. Wenn er den Brief geschrieben hätte, wäre er zur Post gegangen.
— Was würdest du tun, wenn du morgen in Urlaub fahren solltest?
— Wenn ich morgen in Urlaub fahren sollte, würde ich meinen Koffer packen.

b) — Wenn Emine gut Deutsch sprechen würde, würde sie nicht in den Kurs gehen.
— Hätten wir doch diesen Fernseher nicht gekauft! Er ist gleich kaputtgegangen.

Was würdest du tun, wenn du reich wärst?

Sieg-
linde: Meine liebe Feray, was würdest du tun, wenn du reich wärst?

Feray: Wenn ich viel Geld hätte, würde ich den armen und alten
Leuten helfen.

Markus: Wenn ich reich wäre, würde ich eine Sprachschule eröffnen.

Nesrin: Wißt ihr, was Faruk tun würde, wenn er viel Geld hätte?

Sieg-
linde: Was würde er tun?

Faruk: Ich würde eine Weltreise machen. Ich würde alle Länder
bereisen. Ich würde zum Beispiel nach Amerika, nach Indi-
en, nach Japan fahren. Ach, wäre ich doch reich!

Vural: Wenn ich reich wäre, würde ich nicht arbeiten. Ich würde
mich vom langweiligen Büroleben befreien. Ich würde mir
ein Motorboot kaufen, und ich würde jeden Tag am Bosporus
oder Marmarameer fischen.

Feray: Und was würdest du tun, wenn du reich wärest, meine liebe
Sieglinde?

Sieg-
linde: Ich? Ich weiß nicht. Ich habe noch nie darüber nachgedacht.

Wenn ich Zeit gehabt hätte, hätte ich bei dir vorbeigeschaut

Zafer: Peter, ich habe gestern auf dich gewartet. Warum hast du nach
der Vorlesung nicht bei mir vorbeigeschaut?

Peter: Wenn ich Zeit gehabt hätte, hätte ich bei dir vorbeigeschaut,
mein lieber Zafer. Heute gab es in der Uni viel (Arbeit) zu tun.
Wenn ich Zeit gefunden hätte, hätte ich in der Bibliothek einige
Bücher gesucht, aber ich konnte nicht einmal Zeit (dazu) finden,
in die Bibliothek zu gehen.

Zafer: Wenn ich heute nicht hätte arbeiten müssen, wäre ich auch in
die Uni gekommen. Ich hätte gerne am Literaturseminar teil-
genommen.

Peter: Du hättest zum Literaturseminar kommen müssen. Alles, was
der Professor erzählt hat, war sehr interessant.

Zafer: Worüber hat der Professor gesprochen?

Peter: Wir haben über eine Strömung gesprochen, die inzwischen in
der zeitgenössischen deutschen Literatur einen festen Platz
hat. Wir untersuchten die Werke der deutschschreibenden
türkischen Autoren.

Zafer: Hätte ich doch auch das Literaturseminar gehört! Aber nächste

Gedichte Ende September

Die Tage wurden kürzer. Jeder einzelne
von Kanlıcas Alten erinnert sich an den
vergangenen Herbst.
Unser Leben ist zu kurz, um nur diesen Stadtteil zu lieben ...
Würden doch die Sommer nicht langsam enden, die Tage nicht kürzer
    werden ...
Getrunken haben wir dieses seltene Getränk jahrelang, und konnten
    unsere Leidenschaft nicht stillen ...
Mit einem solchen Genuß reicht ein einziges Leben nicht aus, schade!
Sterben ist im Schicksal, es macht uns keine Angst;
aber das Leid der Trennung von der Heimat ist schwer.
Von der Todesnacht zu diesem Strand niemals zurückzukehren,
ist eine unaufhörliche Sehnsucht, die sogar schlimmer als der Tod ist.

Ich kann's nicht beschreiben

Wenn ich weinen würde, würdet ihr meine Stimme hören
in meinen Versen;
Könnt ihr berühren
meine Tränen mit euren Händen?
Ich hätte nicht gewußt, daß die Lieder so schön,
die Wörter hingegen ungenügend sind,
bevor ich diesen Kummer und dieses Leid durchmachte.
Es gibt einen Ort, ich weiß;
Es ist möglich, alles zu sagen;
ich muß mich wohl ziemlich genähert haben, ich fühle es;
(aber) ich kann's nicht beschreiben.

Karikatur linke Sprechblase: Türkenberater Barış, ich werde dich etwas sehr
Wichtiges fragen. Ob es gut wäre, wenn ich in die Türkei zurückkehren
würde?
rechte Sprechblase: Wenn ich dazu die Antwort wüßte, würde zuerst
ich selber zurückgehen, Mensch.

Zusatztext **Türkische Literatur in Deutschland (Eine Auswahl aus Zei-
tungen aus der Entstehungszeit)**

„Ein Verlag in Deutschland wird Bücher von zehn türkischen Autoren
veröffentlichen"
Ein Verlag, der seine Tätigkeiten in der bundesdeutschen Stadt Köln
fortsetzt, teilte mit, daß er Bücher von zehn türkischen Autoren veröf-
fentlichen wird. Der Verleger, der in die Türkei kam, um über das The-
ma betreffende Untersuchungen durchzuführen, erklärte, daß sie das

60

Ziel verfolgen, den türkischen Menschen und die türkische Kultur mit allen Seiten in der Bundesrepublik Deutschland vorzustellen (bekanntzumachen).
(aus: Cumhuriyet, 20. 1. 1980)

„Eine deutsche Zeitschrift hat ihre Dezembernummer der türkischen Literatur gewidmet"
(...) ‚Akzente', eine der wichtigen Literaturzeitschriften der Bundesrepublik Deutschland, widmete ihre Dezembernummer von 1980 der zeitgenössischen türkischen Literatur. (...)
(aus: Cumhuriyet, 22. 1. 1981)

„Wir fangen erst gerade an, die türkische Kunst und Literatur kennenzulernen"
(...) Spiegelten sich die Probleme unserer Menschen in der Bundesrepublik Deutschland, wo über 1,5 Millionen Türken leben, in der Literatur wider?
Das ist eine 25jährige Geschichte. In zehn, 15 Jahren gab es keine großen Probleme. Denn man wußte nicht, wie lange die Gekommenen bleiben würden. Man kannte auch ihre Probleme nicht. (...) Aber allmählich änderte sich die Lage. Obwohl die türkischen Arbeiter quantitativ eine größere Masse bildeten, können wir nicht sagen, daß wir in den 70er und 80er Jahren die türkische Literatur, Musik und Folklore kennengelernt haben. Erst seit den letzten (eins, zwei) Jahren wurden die türkische Kultur und Literatur in bestimmten Zentren bekannt, wobei (von denen) West-Berlin an der Spitze steht. (...)
(aus: Cumhuriyet, 31. 7. 1982)

„Eine neue geistige Strömung in Deutschland"
Die türkischen Gastarbeiter in Deutschland und ihre Kinder nahmen die Literatur der zweiten Generation in die Hand. (...) Die erste Generation der Türken in Deutschland, die Werke schreiben, behandeln im allgemeinen als Thema Traurigkeit, Pessimismus und Unterdrücktsein. (...) Ihre Kinder, also die zweite Generation hingegen, sehen sich weder als Deutsche noch als Türken, sondern als Menschen (...). Und deshalb werden ihre Themen Frieden, Freundschaft, Gerechtigkeit, menschliche Probleme. (...)
(aus: Milliyet, 10. 5. 1986)

Ü 1
1. Peter mektubu yazsa postaneye gider (giderdi).
2. Sen kahve pişirsen ben içerim (içerdim).
3. Üniversiteye gitsem profesörle konuşurum (konuşurdum).
4. Hasta olsak doktora gideriz (giderdik).

Ü 2
1. Keşke sinemaya gitsek!
2. Keşke bize uğrasanız!
3. Keşke Hans iyi Türkçe konuşsa!
4. Keşke izne gitsem!

Ü 3
1. ziyaret etsem mi / 2. gitse gitse / 3. okusak mı / 4. uğrasa uğrasa /
5. olsa gerek.

Ü 4
1. Alışverişe çıksak nasıl olur? / Alışverişe çıksanız iyi olur.
2. Bira içsek nasıl olur? / Bira içsek iyi olur.
3. Yeni bir bluz alsan nasıl olur? / Yeni bir bluz alsam iyi olur.
4. Mehmet Türkiye'ye dönse nasıl olur? / O, Türkiye'ye dönse iyi olur.

Ü 5
1. Peter mektubu yazsaydı postaneye götürürdü (götürecekti).
2. Markus iyi Türkçe bilseydi Türkçe roman okurdu (okuyacaktı).
3. Sen patlıcan alsaydın ben karnıyarık pişirirdim (pişirecektim).
4. Nasreddin Hoca mektubu okusaydı adam sevinirdi (sevinecekti).
5. Faruk Adana'dan dönseydi Nesrin güzel yemekler hazırlardı (hazırlayacaktı).

Ü 6
1. Mehmet fakir olmasaydı Almanya'ya gelmezdi.
2. Sieglinde iyi Türkçe bilmeseydi Türkoloji okumazdı.
3. Peter pasaportunu kaybetmeseydi polise gitmezdi.
4. Nasreddin Hoca yüzüğünü kaybetmeseydi yüzüğünü aramazdı.
5. Ünlü yıldız Antalya'ya gelmeseydi basın toplantısı vermezdi.

Ü 7
1. uğrardım (gelirdim, telefon ederdim) / 2. alırdık / 3. pişirirdi / 4. seyrederdik / 5. yapardı (yaparlardı).

1. Pasta yer miydiniz? Evet, pasta yemek isterdim (isterdik).
2. Yeni araba alır mıydın? Evet, yeni araba almak isterdim.
3. Bizi ziyaret eder miydiniz? Evet, sizi ziyaret etmek isterdim (isterdik).
4. Çocuklar top oynar mıydı? Evet, top oynamak isterlerdi.
5. Gençler diskoteğe gider miydi? Evet, diskoteğe gitmek isterlerdi.

Ü 8

?

Ü 9

1. Peter dün Zafer'e uğramış olsaydı iki arkadaş birlikte Türk filmi seyretmiş olurlardı.
2. Markus hafta sonunda Şile'ye gitmiş olsaydı çok fotoğraf çekmiş olacaktı.
3. Mehmet çalışmak için Almanya'ya gelmemiş olsaydı ailesinden ayrılmamış olurdu.
4. Nasreddin Hoca adamın getirdiği mektubu okumuş olsaydı adam çok sevinmiş olacaktı.
5. Annene mektubu dün göndermiş olsaydın annen mektubu bugün almış olurdu.

Ü 10

1. Zafer yarın çalışacak olsa bu akşam erken yatar / Zafer yarın çalışacak olsaydı bu akşam erken yatardı.
2. Nuri iş arayacak olsa gazetedeki ilanlara bakar / Nuri iş arayacak olsaydı gazetedeki ilanlara bakardı.
3. İzne gidecek olsak bavulumuzu hazırlarız / İzne gidecek olsaydık bavulumuzu hazırlardık.
4. Gisela konuklar çağıracak olsa Türk yemekleri pişirir / Gisela konuklar çağıracak olsaydı Türk yemekleri pişirirdi.
5. Sinemaya gidecek olsam sana haber veririm / Sinemaya gidecek olsaydım sana haber verirdim.

Ü 11

1. Keşke Nuri şefle kavga etmez olaydı (olsaydı).
2. Keşke Mualla'ya uğramaz olaydım (olsaydım).
3. Keşke Nasreddin Hoca yüzüğünü kaybetmez olaydı (olsaydı).
4. Keşke rakı içmez olaydık (olsaydık).

Ü 12

63

Ü 13   a) 1. Dün üniversiteye gitmeliydiniz.
Dün üniversiteye gidebilirdiniz.
Dün üniversiteye gitmeyebilirdiniz.
2. Nuri iş aramalıydı.
Nuri iş arayabilirdi.
Nuri iş aramayabilirdi.
3. Faruk Adana'dan dönmeliydi.
Faruk Adana'dan dönebilirdi.
Faruk Adana'dan dönmeyebilirdi.
4. Dün mektubu yazmalıydık.
Dün mektubu yazabilirdik.
Dün mektubu yazmayabilirdik.
5. Bu kitabı okumalıydın.
Bu kitabı okuyabilirdin.
Bu kitabı okumayabilirdin.

   b) 1. Ihr (Sie) hättet (hätten) gestern in die Uni gehen müssen (sollen).
Ihr (Sie) hättet (hätten) gestern in die Uni gehen können.
Ihr (Sie) hättet (hätten) gestern nicht in die Uni zu gehen gebraucht.
2. Nuri hätte eine Arbeit suchen müssen (sollen).
Nuri hätte eine Arbeit suchen können.
Nuri hätte keine Arbeit zu suchen gebraucht.
3. Faruk hätte aus Adana zurück sein müssen (sollen).
Faruk hätte aus Adana zurückkommen können.
Faruk hätte nicht aus Adana zurückzukommen gebraucht.
4. Wir hätten gestern den Brief schreiben müssen (sollen).
Wir hätten gestern den Brief schreiben können.
Wir hätten gestern den Brief nicht zu schreiben gebraucht.
5. Du hättest dieses Buch lesen müssen (sollen).
Du hättest dieses Buch lesen können.
Du hättest dieses Buch nicht zu lesen gebraucht.

Ü 14   a) 1. Nuri'nin iş araması gerekseydi gazetedeki ilanlara bakardı.
Nuri iş aramaya mecbur olsaydı gazetedeki ilanlara bakardı.
Nuri iş aramak zorunda olsaydı gazetedeki ilanlara bakardı.
2. Almanya'da çalışman gerekseydi çalışma izni alırdın.
Almanya'da çalışmaya mecbur olsaydın çalışma izni alırdın.
Almanya'da çalışmak zorunda olsaydın çalışma izni alırdın.
3. Yeni giyecekler almam gerekseydi alışverişe giderdim.
Yeni giyecekler almaya mecbur olsaydım alışverişe giderdim.
Yeni giyecekler almak zorunda olsaydım alışverişe giderdim.
4. Alışverişe gitmen gerekseydi bankadan para çekerdin.
Alışverişe gitmeye mecbur olsaydın bankadan para çekerdin.
Alışverişe gitmek zorunda olsaydın bankadan para çekerdin.

b) 1. Nuri'nin iş araması gerekseydi gazetedeki ilanlara bakması gerekirdi. / Nuri iş aramaya mecbur olsaydı gazetedeki ilanlara bakmaya mecbur olurdu. / Nuri iş aramak zorunda olsaydı gazetedeki ilanlara bakmak zorunda olurdu.

2. Almanya'da çalışman gerekseydi çalışma izni alman gerekirdi. / Almanya'da çalışmaya mecbur olsaydın çalışma izni almaya mecbur olurdun. / Almanya'da çalışmak zorunda olsaydın çalışma izni almak zorunda olurdun.

3. Yeni giyecekler almam gerekseydi alışverişe gitmem gerekirdi. / Yeni giyecekler almaya mecbur olsaydım alışverişe gitmeye mecbur olurdum. / Yeni giyecekler almak zorunda olsaydım alışverişe gitmek zorunda olurdum.

4. Alışverişe gitmen gerekseydi bankadan para çekmen gerekirdi. / Alışverişe gitmeye mecbur olsaydın bankadan para çekmeye mecbur olurdun. / Alışverişe gitmek zorunda olsaydın bankadan para çekmek zorunda olurdun.

Ü 15

a) 1. Hoca mektubu okuyabilseydi adam sevinirdi.
2. Zafer edebiyat seminerine gidebilseydi sevinirdi.
3. Bize telefon edebilseydiniz sevinirdik.
4. Çocuklar bahçede oynayabilselerdi sevinirlerdi.

b) 1. Hoca mektubu okuyamasaydı adam üzülürdü.
2. Zafer edebiyat seminerine gidemeseydi üzülürdü.
3. Bize telefon edemeseydiniz üzülürdük.
4. Çocuklar bahçede oynayamasaydılar üzülürlerdi.

Ü 16

a/b)
1. Kahve içsek bile pasta yemeyiz. / Kahve içseydik bile pasta yemezdik
2. Sinan diskoteğe gitse bile eve geç gelmez / Sinan diskoteğe gitseydi bile eve geç gelmezdi.
3. Mehmet Türkiye'yi özlese bile Türkiye'ye gidemez. / Mehmet Türkiye'yi özleseydi bile Türkiye'ye gidemezdi.
4. Yorgun olsam bile televizyon seyretmem / Yorgun olsaydım bile televizyon seyretmezdim.

Ü 17

a) 1. kim-yazsa / 2. ne-istesen / 3. nereye-gitse / 4. ne kadar-pişirse / 5. ne kadar-özlese / 6. ne-dese

b) 1. Wer auch immer mir einen Brief schreibt, antworte ich (ihm).
2. Ich mache alles, was du möchtest.
3. Wo auch immer Peter in der Türkei hinfährt, macht er viele Fotos.
4. Wie gut auch Ruth türkischen Kaffee kocht, kann sie (nicht so gut) wie Gül kochen.
5. Wie sehr auch Mehmet sich nach seiner Heimat sehnt, kann er nicht in die Türkei zurückgehen.
6. Ich glaube Ali nicht, was auch immer er sagt.

Ü 18

a) 1. Hacivat kendine ne zaman yeni bir şey alsa Karagöz'e gösterir.
2. Gönül Hanım ne zaman bakkala gitse pastırma alır.
3. Markus ne zaman Bursa'ya gitse Uludağ'a çıkar.
4. Ne zaman bu şarkıyı dinlesem seni hatırlarım.
5. Ne zaman Almanca yazan yabancı yazarların eserlerini okusak Almanya'daki yabancıların yaşamları hakkında yeni şeyler öğreniyoruz.

b) 1. Markus ne kadar gayret ederse etsin Sieglinde kadar iyi Türkçe konuşamıyor.
2. Nuri ne kadar iş ararsa arasın iş bulamıyor.
3. Ne kadar erken yatarsam yatayım erken kalkamıyorum.
4. Ali ne kadar yemin ederse etsin biz ona inanmıyoruz.

Ü 19

1. Gönül Hanım bakkala gitti mi pastırma alır.
2. Gisela karnıyarık pişirdi mi Türk arkadaşları devet eder.
3. Televizyon seyrettim mi uyurum.
4. İstanbul'a gittik mi Boğaz'da balık yeriz.

Ü 20

1. Feray zengin olsaydı fakirlere ve yaşlılara yardım ederdi.
2. Markus zengin olsaydı bir dil okulu açardı.
3. Faruk'un çok parası olsaydı bir dünya seyahati yapardı.
4. Vural zengin olsaydı kendine bir motor alır, Boğaz'da ve Marmara'da balık tutardı.
5. ?
6. Vakti olsaydı Peter Zafer'e uğrardı.
7. Peter vakit bulabilseydi kütüphanede birkaç kitap arayacaktı.
8. Zafer bu sabah çalışmak zorunda olmasaydı üniversiteye giderdi.
9. Profesör edebiyat seminerinde Almanca yazan Türk yazarlar konusunu işledi.
10. ?

Wir wollen Wörter ableiten

Zafer: Los, kommt, wir wollen türkische Wörter ableiten.

Gül: Gute Idee! Ihr wißt, Freunde, die Spracherneuerung im Türkischen ist ein Prozeß, der seit der Sprachreform in der Republik-Periode immer noch andauert.

Peter: Werden die neu abgeleitetenWörter sofort angenommen?

Sinan: Ja, meistens. Bis heute wurden zahllose Wörter türkifiziert. Und manche werden mit ihren alten Pendants zusammen gebraucht. Zum Beispiel sagen wir sowohl ‚kelime' als auch ‚sözcük'.

Ruth: Ja, natürlich. Und das bedeutet den Reichtum der Sprache. Wir sagen sowohl ‚dil' als auch ‚lisan'; wir sagen sowohl ‚cevap' als auch ‚yanıt', nicht wahr?

Peter: Also gut, wieviele Wörter fremden Ursprungs gibt es jetzt ungefähr im Türkischen?

Zafer: Nur 15 % des heutigen Türkischen machen Wörter fremden Ursprungs aus. Und nun zurück zu meinem alten ‚teklif' bzw. ‚öneri' (Vorschlag). Los, kommt, wir wollen Wörter ableiten.

Ünal: Also gut. Welche Wörter können wir zum Beispiel aus dem ‚fiil' bzw. ‚eylem' (Verb) ‚yazmak' ableiten.

Gül: Zum Beispiel ‚yazı'.

Peter: Und aus dem Wort ‚yazı' können wir ‚yazıcı' ableiten.

Zafer: Ja, schön. Gibt es auch keine anderen Wörter, die aus dem Verb ‚yazmak' abgeleitet sind?

Ünal: Doch. Zum Beispiel ‚yazın'. Wir sagen sowohl ‚edebiyat' als auch ‚yazın'.

Gül: Und wir sagen auch sowohl ‚edebi' als auch ‚yazınsal'.

Peter: Noch zwei Wörter, die aus dem Verb ‚yazmak' abgeleitet sind: ‚yazgı' und ‚yazıt'.

Ruth: Dieses Spiel hat mir sehr gut gefallen. Es erweitert unseren Wortschatz.

Über die türkische Sprachreform

1928 wurde das lateinische Alphabet übernommen. Die Anwendung dieses Alphabets auf die türkische Sprache wurde am Ende von Aktivitäten vervollständigt, die unter der Führung Kemal Atatürks sechs Wochen dauerten. Es wurde die Sprachreform eingeleitet, die das Ziel verfolgte, türkische Grammatik und türkischen Wortschatz zu türkifizieren. Man begann, Wörter, die aus Fremdsprachen entlehnt waren, nicht mehr zu verwenden. (...)
Atatürks Sprachreform entsteht aus dem Übergang von der islamischen zur westlichen, insbesondere laizistischen Zivilisation. Nach Atatürks Reform erwiesen sich die toten Sprachen der alten Zivilisation als untauglich.

Die Abc-Reform, die am Anfang wie eine Formveränderung aussah,
gilt eigentlich als eine Veränderung hinsichtlich des Wesens. Die Pho-
netik und die Struktur des Arabischen entsprechen nicht mehr der
Struktur der türkischen Sprache. Die neue türkische Schrift beschleu-
nigt es, daß fremde Wörter weggelassen werden. Die Mischsprache
Osmanisch, die im Osmanischen Kaiserreich entstand, ist der türki-
schen Sprachstruktur entgegengesetzt. Deshalb bringt Atatürk die
Sprachreform gezwungenermaßen in den Anwendungsbereich ein. (...)
Die türkische Sprachreform ist nicht nur eine Initiative, die mit den
Grundprinzipien der Reformen wie Nationalismus, Popularismus und
Laizismus übereinstimmt, sondern sie harmonisiert auch mit den ande-
ren Reformen und integriert sich in diese. Indem sie den Abgrund zwi-
schen Sprachstruktur entgegengesetzt. Deshalb bringt Atatürk die
Sprachreform gezwungenermaßen in den Anwendungsbereich ein. (...)
Die türkische Sprachreform ist nicht nur eine Initiative, die mit den
Grundprinzipien der Reformen wie Nationalismus, Popularismus und
Laizismus übereinstimmt, sondern sie harmonisiert auch mit den ande-
ren Reformen und integriert sich in diese. Indem sie den Abgrund zwi-
schen der Schrift- und gesprochenen Sprache abschaffte, unterstützte
und beschleunigte sie die Beteiligung des Volkes an der Regierung und
die Verfestigung der Demokratie und die Geburt und Entwicklung des
Zivilisationsgedankens sowie die Rückkehr zum Urwesen in der natio-
nalen Kultur. Die Sprachreform ist ein Prozeß. Wie die Beschaffenheit
der Sprache es erfordert, kann sie (die Sprache) nicht nur an kein
Gesetz gebunden werden, sondern es wurde auch notwendig, bei der Ver-
wirklichung (der Sprachreform) eine ganz unterschiedliche Methode
anzuwenden.
Aus:
Seyit Kemal Karaalioğlu, Türk Edebiyatı Tarihi (Türkische Literatur-
geschichte), Band 4, Istanbul 1982,S. 463—474.

sakallı / sakalsız
işsiz / işsizlik
yurtsuz / yurtsuzluk
(vatansız) / (vatansızlık)
tuzlu / tuzsuz
dünkü
çok çocuklu / çocuksuz / çocuksuzluk
yağlı / yağsız
yağlı / yağsız
akıllı / akılsız
karlı / karsız
kanlı / kansız
ölümlü / ölümsüz

Ü 1

a) balıkçı / kapıcı / oduncu / okuyucu / yangın söndürücü / yüzücü

Ü 2

başlamak: anfangen / heyecanlanmak: sich aufregen / kararmak: dunkel werden / küçülmek: klein(er) werden / yaşamak: leben / yükselmek: aufsteigen

Ü 3

(z. B.)
açık: offen / akım (geistige) Strömung / alım-satım: An- und Verkauf / bilim: Wissenschaft / çalışkan: fleißig / delik: Loch / doğa: Natur / düşünce: Gedanke / gezi: Ausflug, Reise / sevgi: Liebe / vergi: Steuer / yazı: Schrift

Ü 4

cinsel / dinsel / yazınsal / hayvansal / bilimsel / yasal / ulusal / doğal

Ü 5

a/b)

Ü 6

1. Mehmet Almanca öğrenmek mecburiyetinde. / Mehmet Almanca öğrenmek mecburiyetindeydi. / Mehmet Almanca öğrenmek mecburiyetinde olacak.
2. Öğrenciler Türkçe öğrenmek mecburiyetindeler. / Öğrenciler Türkçe öğrenmek mecburiyetindeydiler / Öğrenciler Türkçe öğrenmek mecburiyetinde olacaklar.
3. Kilo vermek mecburiyetinde misin? / Kilo vermek mecburiyetinde miydin? / Kilo vermek mecburiyetinde olacak mısın?
4. Büroya uğramak mecburiyetinde misiniz? / Büroya uğramak mecburiyetinde miydiniz? / Büroya uğramak mecburiyetinde olacak mısınız?
5. Nuri çalışmak mecburiyetinde değil. / Nuri çalışmak mecburiyetinde değildi. Nuri çalışmak mecburiyetinde olmayacak.

Ü 7
1. Ali'nin eve gelmesiyle yatması bir oldu.
2. Ali'nin yatmasıyla uyuması bir oldu.
3. Sinemadan çıkmamızla pastaneye gitmemiz bir oldu.
4. Pastaneye gitmenizle dondurma yemeniz bir oldu.
5. Filmi görmenizle film hakkında tartışmanız bir oldu.

Ü 8
1. Araba alır mısınız? / Almasına alırız ama, paramız yok.
2. Mektubu yazar mısın? / Yazmasına yazarım ama, kalemim yok.
3. Gül kahve pişirir mi? / Pişirmesine pişirir ama, şekeri yok.
4. Filiz bluzu alır mı? / Almasına alır ama, parası yok.
5. Öğrenciler bisiklet turu yapar mı? / Yapmasına yaparlar ama, bisikletleri yok.

Ü 9
1. -ecek bir tarafı / 2. -acak kadar / 3. -yacak gibi oluyorum / 4. -ecek durumda / 5. -acak bir taraf / 6. -ecek kadar / 7. -ecek durumda

Ü 10
a/b)
1. Camileri gezesim geldi. / Camileri gezeceğim tuttu.
2. Türk kahvesi içesimiz geldi. / Türk kahvesi içeceğimiz tuttu.
3. Karnıyarık yiyesiniz geldi. / Karnıyarık yiyeceğiniz tuttu.
4. Yüzesim geldi. / Yüzeceğim tuttu.
5. Türk filmi seyredesimiz geldi. / Türk filmi seyredeceğimiz tuttu.

Ü 11
1. Sen her gün bizi ziyaret eder oldun. / Sen artık bizi ziyaret etmez oldun.
2. Biz her gün Türk filmi seyreder olduk. / Biz artık Türk filmi seyretmez olduk.
3. Sen her gün sinemaya gider oldun. / Sen artık sinemaya gitmez oldun.
4. Filiz her gün alışverişe çıkar oldu. / Filiz artık alışverişe çıkmaz oldu.

Ü 12
1. Hiç Doğan Filiz'i sevmez olur mu!
2. Hiç yüzmeye gitmez olur muyuz!
3. Hiç tatili hatırlamaz olur muyuz!
4. Hiç bira içmez olur muyum!
5. Hiç Mehmet akrabalarını ziyaret etmez olur mu!
6. Hiç Ahmet Uludağ'da kayak yapmaz olur mu!

1. Markus Türkiye'de yaşamakla Türkiye'yi daha iyi tanımış oldu.
2. Türkçe gazete okumakla çok Türkçe sözcük öğrenmiş oldun.
3. Faruk Adana'ya uçakla gitmekle çok vakit kazanmış oldu.
4. Dil kursuna gitmekle daha iyi Türkçe öğrenmiş oltuk

Ü 13

a/b)
1. Sieglinde gelecek yıla kadar Türkçe öğrenmiş olursa Türkoloji oku-yabilir. — Sieglinde gelecek yıla kadar Türkçe öğrenmiş olmazsa Türkoloji okuyamaz / S. gelecek yıla kadar Türkçe öğrenmemiş olursa Türkoloji okuyamaz.
2. Faruk akşama kadar Türk Hava Yolları Bürosu'na gitmiş olursa uçak bileti alabilir. — Faruk akşama kadar Türk Hava Yolları Büro-su'na gitmiş olmazsa uçak bileti alamaz / F. akşama kadar Türk hava Yolları Bürosu'na gitmemiş olursa uçak bileti alamaz.
3. Nuri bir haftaya kadar iş bulmuş olursa çalışmaya başlar. — Nuri bir haftaya kadar iş bulmuş olmazsa çalışmaya başlamaz / N. bir haftaya kadar iş bulmamış olursa çalışmaya başlayamaz.
4. Yarına kadar pasta yapmış olursan konukları çağırabiliriz. — Yarına kadar pasta yapmış olmazsan konukları çağıramayız / Yarına kadar pasta yapmamış olursan konukları çağıramayız.

Ü 14

1. Çocuklar gülecek oldu, baba kızdı.
2. Bir şey anlatacak olduk, güldünüz.
3. Gül kahve pişirecek oldu, şeker bulamadı.
4. Televizyon seyredecek oldum, cereyan kesildi.

Ü 15

a) 1. Konuklar çağıracak idiyseniz, neden yemek pişirmediniz?
2. Hans bize uğrayacak idiyse, neden haber vermedi?
3. Faruk Adana'ya gidecek idiyse, neden uçak bileti almadı?
4. Piknik yapacak idiysen, neden beni çağırmadın?

b) 1. Warum habt ihr nicht gekocht, wenn ihr Gäste einladen wolltet?
2. Warum hat Hans (uns) nicht benachrichtigt, wenn er bei uns vor-beikommen wollte?
3. Warum hat Faruk kein Flugticket gekauft, wenn er nach Adana fliegen wollte?
4. Warum hast du mich nicht eingeladen, wenn du ein Picknick machen wolltest?

Ü 16

Ü 17
1. Patlıcan almış değilim.
2. Konuk çağırmış değiliz.
3. Peter mektubu daha yazmış değil.
4. Çocuklar bisiklet turu yapmış değiller.
5. Sen beni anlamış değilsin.

Ü 18
1. Konsere gittiğin var mı?
2. Çocukların top oynadığı (oynadıkları) var mı?
3. Müzik dinlediğin var mı?
4. Mehmet'in akrabalarına uğradığı var mı?
5. Nuri'nin iş aradığı var mı?

Ü 19
1. Nuri'nin iş arayacağı yok.
2. Sinemaya gideceğiniz yok.
3. Hans'ın Türkçe öğreneceği yok.
4. Bana uğrayacağın yok.
5. Pantalon ütüleyeceğim yok.

Ü 20
1. ya / 2. haydi / 3. hah / 4. haydi / 5. hem / 6. hele / 7. hele / 8. hep /
9. bir-hem / 10. bir (oder hele) / 11. bir-bir / 12. bir

Wörterverzeichnis

Die Zahlen links des Kommas verweisen auf die Lektionen, die Abkürzung W und
die Zahlen rechts des Kommas
auf den jeweiligen Abschnitt der „Wörterkiste" und der betreffenden Lektion.

A

abide 10, W 1
acaba 1, W 1
acele 8, W 1
acemi 4, W 1
acıklı 7, W 1
acımak 1, W 1
açıklama 8, W 1
açıklamada bulunmak 8, W 1
açıklamak 10, W 1
açlık 2, W 1
açmak 9, W 1
adam başına 1, W 1
adına 4, W 1
adında 4, W 1
aferin 4, W 1
ağır 8, W 1
ağır ağır 8, W 1
ağlatmak 4, W 1
ah 10, W 1
akılsız 10, W 1
akım 9, W 1; 10, W 1
akın 10, W 1
akıntı 10, W 1
akıtmak 4, W 1
akmak 4, W 1
akşam üzeri 1, W 1
akşamüstü 1, W 1
alay etmek 1, W 1
alçalmak 10, W 1
alçak 10, W 1
aldanmak 4, W 1
aldatmak 4, W 1
aldırmak 4, W 1
alet 5, W 1; 10, W 1
alev 8, W 1
aleyhin(d)e 4, W 1
alım-satım 4, W 1
alındı 3, W 1
alim 10, W 1
alkollü 10, W 1
alkolsüz 10, W 1
Allahtan 6, W 1
almak 5, W 1
alt 1, W 1

alt alta 3, W 1
altın 4, W 1
altın(d)a 1, W 1
aman efendim 4, W 1
amaç 8, W 1
anlam 8, W 1
an 7, W 1
Anadol 4, W 1
analiz 4, W 1
anason 3, W 1
anıt 10, W 1
anlaşıldı mı? 3, W 4
anlaşılır 3, W 1
anlaşılmak 3, W 1
anlaşılmaz 3, W 1
anlaşmak 3, W 1
anlaşmazlık 1, W1; 8, W 1
anlattırmak 4, W 1
anmak 10, W 1
anons 2, W 1
anons etmek 2, W 1
apartman 1, W 1; 7, W 1
ara 1, W 1
araba pazarı 4, W 1
araba teybi 7, W 1
aramak 5, W 1
arasın(d)a 1, W 1
arka 1, W 1; 6, W 1
arka arkaya 1, W 1
arkasın(d)a 1, W 1
arkasını dönmek 3, W 1
armağan 7, W 1
art 1, W 1
art arda 1, W 1
arzu 4, W 1
asılı 10, W 1
asılı durmak 1, W 1
aslında 5, W 1; 6, W 1
asmak 1, W 1
aşağı 4, W 1
aşçı 3, W 1
aşık 3, W 1
aşık etmek 3, W 1
ateş yakmak 8, W 1
atmaca 10, W 1

atmak 1, W 1
av 10, W 1
avlamak 10, W 1
ay (Ausruf) 10, W 1
ayağa kalkmak 1, W 1
aygıt 10, W 1
ayrılık 9, W 1
ayrılış 9, W 1
ayrılmak 1, W 1; 9, W 1
az yağlı 10, W 1
azalmak 7, W 1; 10, W 1
azımsamak 10, W 1

B
bağ fiiller 5, W 2
bağlamak 2, W 1
bağlantı 5, W 1; 6, W 1
bağlı olmak 1, W 1
bahsetmek 8, W 1
bak hele 10, W 1
bakakalmak 7, W 1
bakan 3, W 1; 5, W 1
bakarak 10, W 1
bakalım 5, W 1
Bakanlık 4, W 1
bakım 10, W 1
bakımından 4, W 1
bakış 8, W 1
bakmak 4, W 1; 5, W 1; 6, W 1; 10, W 1
bal gibi 3, W 1
balıkçıl 10, W 1
barış 9, W 1
barışmak 3, W 1
bari 9, W 1
basın 6, W 1
basın toplantısı 6, W 1
basma 8, W 1
basmak 1, W 1; 8, W 1
baş 1, W 1; 3, W 1
baş başa 3, W 1
baş vurmak 3, W 1
başına 1, W 1; 4, W 1
başkan 10, W 1
batırmak 4, W 1
batmak 4, W 1

bekleme salonu 2, W 3
beklenmedik 3, W 1
bekletmek 4, W 1
belediye sarayı 1, W 1
belirmek 10, W 1
belirti 10, W 1
belli 7, W 1
bembeyaz 3, W 1
benimsemek 10, W 1
benzemek 6, W 1
benzin 3, W 1
benzin istasyonu 3, W 1; 4, W 1
benzinci 4, W 1
beri 1, W 1
berrak 3, W 1
besleme 8, W 1
beslemek 8, W 1
beter 9, W 1
beyaz ekmek 3, W 1
bırakmak 7, W 1
bildiri 3, W 1
bildirmek 4, W 1
bile bile 5, W 1
bilerek 5, W 1
bileşik zamanlar 6, W 1
bilgiç 10, W 1
bilgin 10, W 1
bilim 10, W 1
bilimsel 10, W 1
billur 3, W 1
bilmezlik 8, W 1
binde 5, W 1
binde bir 5, W 1
bir 10, W 1
bir ara 4, W 1
bir bir 9, W 1
bir de 7, W 1; 10, W 1
bir parça 2, W 1
bir süre 8, W 1
bir türlü 3, W 1
bir varmış bir yokmuş 2, W 1
... bir yana 1, W 1; 8, W 1
bir yandan
(od. taraftan) 1, W 1
biraz sonra 2, W 1

birbiri 3, W 1
bisiklet turu 5, W 1
bitişik 1, W 1
bitmek 4, W 1
boncuk 6, W 1
boş yeriniz var mı? 2, W 1
börek 3, W 1
bu bakımdan 4, W 1
bu gibi 4, W 1
bu hususta 4, W 1
bu kadar 4, W 1
bu konuda 4, W 1
bu ne demek oluyor? 10, W 1
bu nedenle 4, W 1
bu saatte 2, W 1
bu sayede 4, W 1
bu sebeple 4, W 1
bu sırada 4, W 1
bu suretle 3, W 1
bu şekilde 3, W 1
bu uğurda 4, W 1
bu yüzden 4, W 1
bulmaca 10, W 1
bulmak 7, W 1
bulunmak 3, W 1; 5, W 1
buna dair 4, W 1
buna göre 4, W 1
buna ilişkin 4, W 1
buna karşı 4, W 1
buna karşılık 4, W 1
buna karşın 4, W 1; 8, W 1
buna oranla 4, W 1
buna rağmen 4, W 1
bundan başka 4, W 1
bundan dolayı 4, W 1
bundan önce 4, W 1
bundan ötürü 4, W 1
bundan sonra 4, W 1
bunun gibi 4, W 1
bunun hakkında 4, W 1
bunun için 4, W 1
bunun kadar 4, W 1
bunun üzerine 4, W 1
bunun yerine 4, W 1
bununla 4, W 1

bununla beraber
(od. birlikte) 8, W 1
bununla ilgili 4, W 1
burnunun dibinde 1, W 1
buz gibi 3, W 1
bülbül 8, W 1
büyü 2, W 1
büyücek 3, W 1
büyülenmiş 2, W 1
büyümek 5, W 1
büyüyü bozmak 2, W 1

C

cadı 2, W 1
can 6, W 1
can atmak 8, W 1
cankurtaran yeleği 2, W 3
canlı 1, W 1
canlı yayın 1, W 1
cezve 7, W 1
cıvıldamak 10, W 1
cıvıltı 10, W 1
ciddi 3, W 1
cins 10, W 1
cinsel 10, W 1
cinsi 10, W 1
coğrafya 10, W 1
cüce 2, W 1

Ç

çabucak 3, W 1
çağ 10, W 1
çağdaş 9, W 1
çakmak 6, W 1
Çalışma Bakanı 6, W 1
çalmak 1, W 1
çarçabuk 3, W 1
çartır uçağı 2, W 3
çekinmek 1, W 1
çekememezlik 8, W 1
çekmek 1, W 1; 4, W 1; 8, W 1
çektirmek 4, W 1
çevirmek 8, W 1
çevirmen 10, W 1
çıkagelmek 7, W 1

çıkar(t)mak 4, W 1
çıkış 8, W 1
çıkmak 1, W 1; 2, W 1
çıngırak 5, W 1
çimen 8, W 1
çivi 6, W 1
çocuksu 10, W 1
çocuksuz 10, W 1
çocuksuzluk 10, W 1
çok çocuklu 10, W 1
çoluk çocuk 3, W 1
çuvaldız 3, W 1
çöl 6, W 1

D

dağarcık 10, W 1
dağıtmak 5, W 1
dahil 4, W 1
dahilinde 4, W 1
dair 4, W 1
dal 2, W 1
dalgıç 10, W 1
dalgın 10, W 1
dalmak 5, W 1; 10, W 1
danışma gişesi 2, W 3
danışmak 9, W 1; 10, W 1
daralmak 10, W 1
davranmak 3, W 1
davul 1, W 1
davulcu 1, W 1
dayanarak 10, W 1
dayanılmaz 3, W 1
dayanmak 3, W 1; 10, W 1
dedi mi 10, W 1
dedikodu 2, W 1
değerlendirmek 8, W 1
değerli 7, W 1
değişiklik 5, W 1
değmek 8, W 1
delik 3 W 1; 10, W 1
delmek 3, W 1; 10, W 1
deme 10, W 1
demektir 10, W 1
demez ... demez 10, W 1
demet 3, W 1

demir 3, W 1
denemek 7, W 1
deniz topu 1, W 1
depo 4, W 1
der demez 10, W 1
dere 2, W 1
dere tepe düz gitmek 2, W 1
derken 4, W 1; 10, W 1
derde düşmek 9, W 1
ders 9, W 1
dert 9, W 1
derviş 5, W 1
dev 2, W 1
devam etmek 7, W 1
devlet 5, W 1
devrim 10, W 1

dış 1, W 1
dış işleri 1, W 1
Dış İşleri Bakanlığı 1, W 1
dışında 1, W 1

diğer yandan
(od. taraftan) 1, W 1
dikiş makinesi 5, W 1
dikkat 3, W 1
dikkatle 3, W 1
dikkatli 3, W 1
diktirmek 4, W 1
dil devrimi 10, W 1
dil okulu 9, W 1
dilek şart kipi 9, W 2
din 10, W 1
dini 10, W 1
dinlemek 5, W 1
dinmek 6, W 1
dinsel 10, W 1
dip 1, W 1
diye 1, W 1
(-e) diyecek yok 10, W 1
dize 9, W 1
dizi 10, W 1
dizmek 10, W 1

doğdurmak 4, W 1
doğramak 3, W 1
doğru 2, W 1
doğrudan doğruya sefer 2, W 1

doğurmak 4, W 1
dokunmak 9, W 1
dolandırmak 10, W 1
dolaşmak 3, W 1
doldurmak 3, W 1
doldurtmak 4, W 1
dolma 8, W 1
dolmak 8, W 1
dolmakalem 8, W 1
dondurmak 4, W 1
dökmek 3, W 1
dökülmek 3, W 1
dönüşlü fiiller 3, W 2
dönem 10, W 1
dövmek 3, W 1
dövüşmek 3, W 1
durmadan 6, W 1
durmak 5, W 1
durmaksızın 6, W 1
durum 8, W 1; 10, W 1
duvar 1, W 1
duymak 7, W 1
duyulmadık 3, W 1
duyurmak 4, W 1
düdük 1, W 1
düğün 2, W 1
düğün yapmak 2, W 1
dünya seyahati 9, W 1
düşman 3, W 1
düşmanlık 4, W 1
düşmek 6, W 1; 7, W 1
düşünmek 7, W 1
düşürmek 4, W 1
düz 3, W 1
düzelmek 4, W 1
düzeltmek 4, W 1

E
edat 10, W 2
edebi 10, W 1
edebiyat semineri 9, W 1
edilgen fiiller 3, W 2
eğer 4, W 1
eğilmek 6, W 1

eğlenmek 6, W 1; 10, W 1
ek analizi 4, W 1
ekin 10, W 1
ekmek 3, W 1; 10, W 1
ekmek sepeti 1, W 1
ekonomi 10, W 1
ekonomik 10, W 1
ekran 1, W 1
ekşi 3, W 1
ekşimsi 3, W 1
ekşimtırak 3, W 1
el ele 3, W 1
elektrik süpürgesi 3, W 1
eleman 3, W 1
emniyet 2, W 1
emniyet tedbirleri 2, W 1
en düşük 3, W 1
en yüksek 3, W 1
endüstri 5, W 1
endüstri şehri 5, W 1
enflasyon 5, W 1
enflasyon hızı 5, W 1
epeyce 9, W 1
eser 9, W 1
eşit 10, W 1
eşit kılmak 10, W 1
eskiden 3, W 1
etek 8, W 1
etraf 1, W 1
etrafın(d)a 1, W 1
etrafına bakmak 3, W 1
ettirgen fiiller 4, W 2
evcil 10, W 1
evlendirmek 2, W 1; 4, W 1
ey (Ausruf) 6, W 1
eylemek 10, W 1

F
falan 3, W 1
falan filan 3, W 1
Fatih 5, W 1
fener 6, W 1
Fenerbahçe 1, W 1
festival 8, W 1

haber bırakmak 5, W 1
haber vermek 4, W 1; 7, W 1
habersiz 6, W 1
Hacivat 4, W 1
hadi hadi 10, W 1
hafiften 5, W 1
haftaya bugün 3, W 1
hakem 1, W 1
hal 5, W 1; 8, W 1
... haline gelmek 2, W 1
halk 5, W 1
hani 6, W 1; 10, W 1
haricinde 4, W 1
hariç 4, W 1
hasret 6, W 1
haşlanmış yumurta 5, W 1
hat 2, W 1
hatırlamak 1, W 1
hatırlatmak 4, W 1
hava atmak 7, W 1
hava yolları (şirketi) 2, W 3
havaalanı 2, W 1
havalanmak 2, W 1
havalimanı 2, W 3
havlamak 5, W 1
hayatta olmak 7, W 1
haydi 10, W 1
haydi haydi 10, W 1
hayır 9, W 1
hayırsız 6, W 1
hayrola 9, W 1
hayvan 10, W 1
hayvani 10, W 1
hayvansal 10, W 1
hazır olmak 8, W 1
hazırlamak 10, W 1
hazırlanmak 7, W 1
hazırlatmak 4, W 1
hazırlık 6, W 1
hazırlık yapmak 6, W 1
hele 10, W 1
helikopter 2, W 3
hem 10, W 1
hemen hemen hiç 3, W 1
hep 10, W 1

hep beraber
(od. birlikte) 10, W 1
her defa 5, W 1
her zamanki 5, W 1
herif 6, W 1; 10, W 1
hesabına 4, W 1
hey (Ausruf) 10, W 1
heyecan 3, W 1
heyecanla 3, W 1
heyecanlı 3, W 1; 7, W 1
hız 5, W 1
hiç olmazsa 4, W 4
hikâye 7, W 1
hissetmek s. kendini hissetmek
hizmetçi 7, W 1
hoca 7, W 1
hususi 10, W 1
hususunda 4, W 1
hüngür hüngür 3, W 1

I

ısırmak 5, W 1
ısıtmak 4, W 1
ısmarlamak 4, W 1
ısrar etmek 1, W 1
ışık hızı 5, W 1
ızdırap 9, W 1

İ

icabında 8, W 1
iç 1, W 1
iç içe 3, W 1
iç işleri 1, W 1
İç İşleri Bakanlığı 1, W 1
için(d)e 1, W 1
içinden 1, W 1
içirmek 4, W 1
iftihar etmek 1, W 1
iğne 3, W 1
iki katı 5, W 1
iki katlı 7, W 1
iki misli 5, W 1
iki sıfır 1, W 1
ikide bir 3, W 1
iktisadi 10, W 1
ilan tahtası 3, W 1

kör 10, W 1
kör olmak 10, W 1
köşk 6, W 1
kötü 4, W 1
köy 7, W 1
kral 5, W 1
kullanılmış 4, W 1
kullanılmış araba 4, W 1
kum 10, W 1
kumaş 10, W 1
kumsal 10, W 1
kurmak 10, W 1
kurtulmak 9, W 1
kuru 2, W 1
kurulamak 3, W 1
kurulanmak 3, W 1
kurulmak 10, W 1
kurum 10, W 1
küçücük 3, W 1
küçük ilanlar 5, W 1
küçülmek 10, W 1
küçümsemek 10, W 1
kül 4, W 1
kütüphane 3, W 1

L
laboratuvar 5, W 1
laf 8, W 1
... laf mı? 8, W 1
lakin 9, W 1
lastiklerin havası 4, W 1
lehin(d)e 4, W 1
lehte ve aleyhte 4, W 1
lektör 10, W 1
liste 4, W 1
lokum 5, W 1

M
maç 1, W 1
mahalle 7, W 1
makarna 3, W 1
makas 3, W 1
makyaj 3, W 1
makyaj yapmak 3, W 1
malzeme 3, W 1

marifet 7, W 1
marka 7, W 1
masmavi 3, W 1
matkap 3, W 1
mavimsi 3, W 1
mavimtırak 3, W 1
mazot 4, W 1
mecbur kılmak 10, W 1
mecburi iniş 2, W 3
mecburiyet 10, W 1
mektuplaşmak 3, W 1
meme 5, W 1
memnun olmak 1, W 1
merak 8, W 1
merak etmek 1, W 1
mermer 8, W 1
mesleki 10, W 1
meşgul 2, W 1
meydana gelmek 1, W 1
meyve tabağı 1, W 1
mısra 9, W 1
millet 10, W 1
milli 10, W 1
misil 5, W 1
-mişli geçmiş zaman 2, W 2
model 4, W 1
motör 3, W 1; 9, W 1
mukabil 4, W 1
muradına ermek 5, W 1
murat 4, W 1
mutlu 2, W 1; 9, W 1
mutlu kılmak 10, W 1
müddet 7, W 1
müjde 5, W 1
mümkün 8, W 1
mümkün kılmak 10, W 1
münasebetiyle 4, W 1
mürettebat 2, W 1

N
nadir 9, W 1
namaz 10, W 1
namaz kılmak 10, W 1
namına 4, W 1
nasıl istersen(iz) 4, W 4

P

paça 6, W 1
padişah 2, W 1
pahalılık 8, W 1
para çantası 1, W 1
parça 2, W 1
Paskalya Yortusu 3, W 1
pasta yapmak 6, W 1
pazar 9, W 1
pazar ola 9, W 1
pekala 3, W 1; 10, W 1
perde 8, W 1
peri 2, W 1
peş 1, W 1
peş peşe 1, W 1
pırıl pırıl 3, W 1
pilav 7, W 1
pilot 2, W 1
pişmek 2, W 1; 4, W 1
politik 10, W 1
politika 10, W 1
prens 2, W 1
prenses 2, W 1
problem 1, W 1
pul kolleksiyonu 7, W 1

R

radyatör suyu 4, W 1
raf 1, W 1
rahatsız 3, W 1
rahatsız etmek 3, W 1
rahatsız olmak 3, W 1
rahatsız olma(yın) 3, W 4
ramak kalmak 8, W 1
rapor 7, W 1; 10, W 1
rehber 7, W 1; 10, W 1
renk renk 3, W 1
resmen 3, W 1
resmi 3, W 1
rezervasyon 2, W 3
rica etmek 1, W 1
rivayet 2, W 2
ruh 6, W 1
Ruhr Havzası 5, W 1

S

saat kulesi 7, W 1
saat ücreti 4, W 1
sabah sabah 3, W 1
sabahlamak 8, W 1
sabır 3, W 1
sabırla 3, W 1
sabırlı 3, W 1
sabretmek 5, W 1
saha 1, W 1
sahi 3, W 1
sahiden 3, W 1
sahil 8, W 1
sahip 7, W 1
sahip olmak 7, W 1
sağda solda 3, W 1
sakalsız 10, W 1
sakınca 10, W 1
sakınmak 3, W 1; 10, W 1
saklamak 1, W 1
sallanmak 5, W 1
sanat 8, W 1
sanatçı 8, W 1
sanki 2, W 1
sanmak 6, W 1
sapsarı 3, W 1
sararmak 8, W 1; 10, W 1
sarkmak 8, W 1
sarımsı 3, W 1
sarımtırak 3, W 1
sayesinde 4, W 1
sayısız 10, W 1
saymak 10, W 1
sebebiyle 4, W 1
seçkin 10, W 1
seçme 9, W 1
seçmek 10, W 1
sehpa 1, W 1
selamlaşmak 3, W 1
Selçuklu Devleti 5, W 1
selvi 3, W 1
seminer 9, W 1
sermek 1, W 1; 7, W 1
ses 6, W 1
seslenmek 1, W 1

sessiz 6, W 1
sessizce 6, W 1
seve seve 6, W 1
severek 5, W 1
sevinç 2, W 1
sevinçle 2, W 1
sevinçli 3, W 1
sevişmek 3, W 1
seyirci 1, W 1
sıcacık 3, W 1
sıçramak 1, W 1
sıkı 3, W 1
sıkı sıkıya 3, W 1
sıkıcı 9, W 1
sıkılgan 10, W 1
sıkılmak 1, W 1; 10, W 1
sımsıcak 3, W 1
sıra 7, W 1; 8, W 1
silmek 3, W 1
simsiyah 3, W 1
siyasal 10, W 1
siyaset 10, W 1
siyasi 10, W 1
sizden işitmek umuduyla 8, W 1
soba 1, W 1
sofra 3, W 1
sofra hazırlamak 3, W 1
sofra kurmak 3, W 1
soğan 3, W 1
solmak 8, W 1
son 2, W 1
son derece 3, W 1
sonradan görme 8, W 1
sonraları 3, W 1
sosyal 3, W 1
sosyal danışman 3, W 1
soymak 3, W 1
soyunmak 3, W 1
söndürmek 2, W 1; 4, W 1
sönmek 4, W 1; 10, W 1
sönük 10, W 1
söylemesi kolay 8, W 1
söylenmek 3, W 1
söylenti 7, W 1
söz 4, W 1

söz vermek 7, W 1
sözcük dağarcığı 10, W 1
sözde 2, W 1
spiker 1, W 1
sucu 5, W 1
susmak 10, W 1
susturmak 10, W 1
susturucu 10, W 1
susuzluk 2, W 1
sur 1, W 1
... suretiyle 8, W 1
sükût 4, W 1
süper 4, W 1
süpürge 3, W 1
süre 7, W 1
sürekli 9, W 1
sürmek 7, W 1
süzgeç 10, W 1
süzmek 10, W 1

Ş
şahıs 10, W 1
şahsi 10, W 1
şakır şakır 3, W 1
şans 4, W 1; 5, W 1
şart 8, W 1
şart cümlesi 4, W 2
şaşırmak 1, W 1; 5, W 1
şenlik 4, W 1; 8, W 1
şikâyet etmek 1, W 1
şimdiden 3, W 1
şimdilik 3, W 1
şimşek gibi 3, W 1
şiş 10, W 1
şişman 4, W 1; 10, W 1
... şöyle dursun 8, W 1
şunu bunu 3, W 1
şüphelenmek 1, W 1

T
tabii ya 10, W 1
tahminen 3, W 1
tahmini 3, W 1
takım 1, W 1
takma 8, W 1

87

takma diş 8, W 1
takma saç 8, W 1
takmak 8, W 1
tam 1, W 1
takriben 3, W 1
takribi 3, W 1
tamir ettirmek 4, W 1
tanıdık 5, W 1; 10, W 1
tanıştırmak 6, W 1
tanıtmak 4, W 1
taraf 1, W 1
tarafından 3, W 1
taramak 3, W 1
taranmak 3, W 1
tarif 7, W 1
tarif etmek 7, W 1
tarih 10, W 1
tarihi 10, W 1
tarihsel 10, W 1
tartışma 7, W 1
tartışmak 5, W 1
(-lik) taslamak 10, W 1
taşmak 6, W 1
tat 6, W 1
tatsız 6, W 1
tav 3, W 1
tava 3, W 1
tavan 1, W 1
T.D.K. 10, W 1
tedbir 2, W 1
teklif 4, W 1
teklif etmek 4, W 1
telefonlaşmak 3, W 1
temiz 3, W 1; 10, W 1
temizlemek 3, W 1; 10, W 1
tepe 2, W 1
tercüman 10, W 1
terfi et(tir)mek 4, W 1
terketmek 2, W 1; 8, W 1
tertemiz 3, W 1
tesadüfen 3, W 1
tesadüfi 3, W 1
THY 2, W 1
tıpkı ... gibi 3, W 1
tıraş 3, W 1

tıraş etmek 3, W 1
tıraş olmak 3, W 1
toplantı 6, W 1
toplantı salonu 6, W 1
toprak 5, W 1
Toros Dağları 2, W 1
tribün 1, W 1
tunç 8, W 1
tutmak 1, W 1; 7, W 1
türetmek 10, W 1
Türk Dil Kurumu 10, W 1
Türk Hava Yolları 2, W 1
türkçeleştirmek 10, W 1
türkü 6, W 1
tütmek 10, W 1

U
uçak bileti 2, W 3
uçak seferi 2, W 3
uçak yolculuğu 2, W 1
uçuş 2, W 1
uçuş yüksekliği 2, W 1
ufacık 3, W 1
ufak ufak 3, W 1
ufuk 2, W 1
uğraşmak 1, W 1; 7, W 1; 8, W 1
uğrun(d)a 4, W 1
ulaçlar 5, W 2
ulan 8, W 1
ulus 10, W 1
ulusal 10, W 1
ummak 3, W 1; 7, W 1
umulmadık 3, W 1
umut 8, W 1
unutmak 6, W 1
unutulmaz 3, W 1
uygun 8, W 1
uyku ilacı 2, W 1
uyuşmak 8, W 1
uyuşmazlık 8, W 1
uyuyakalmak 2, W 1; 7, W 1
uzaklarda
uzakta $\Big\}$ 5, W 1

Ü

ücret 4, W 1
ücretsiz 4, W 1
üç misli 5, W 1
ümit 8, W 1
ümit etmek 8, W 1
ünlem 10, W 2
ünlü 8, W 1
üretmek 7, W 1
ürküntü 9, W 1
üst 1, W 1
üst üste 3, W 1
üstün(d)e 1, W 1
üstünde 4, W 1
üstünü değiş(tir)mek 3, W 1
ütülemek 3, W 1; 4, W 1
ütülü 10, W 1
üzere 8, W 1
üzerin(d)e 1, W 1
üzerinde 4, W 1
üzerinden 1, W 1
üzmek 8, W 1; 10, W 1
üzücü 8, W 1
üzülmek 1, W 1; 9, W 1
üzüm 3, W 1
üzüntü 7, W 1; 10, W 1

V

vaktinde 9, W 1
vasıta 4, W 1
vasıtasıyla 4, W 1
var yok 10, W 1
vay 10, W 1
vay be 5, W 1
vatan 7, W 1
vazo 1, W 1
veda 3, W 1
vedalaşmak 3, W 1
veresiye 10, W 1
vergi 10, W 1
voleybol 4, W 1
vurmak 1, W 1; 3, W 1

Y

ya 1, W 1; 10, W 1
yabancı 4, W 1; 5, W 1
yabancı düşmanlığı 4, W 1
yabancı ülke 8, W 1
yağlı 10, W 1
yağsız 10, W 1
yahu 7, W 1; 10, W 1
yakalamak 1, W 1
yakınmak 1, W 1
yakıcı 10, W 1
yakınmak 1, W 1
yakmak 3, W 1
yaklaşmak 9, W 1
yalan 2, W 1
yalancı 2, W 1
yan 1, W 1
yan masraflar 4, W 1
yan yana 1, W 1
... yana olmak 8, W 1
yanılmak 1, W 1
yanın(d)a 1, W 1
yangın 10, W 1
yangın söndürücü 10, W 1
yanık 10, W 1
yanıp sönmek 6, W 1
yani 10, W 1
yanmak 2, W 1
yapı 5, W 1
yapışmak 3, W 1
yapıt 9, W 1
yapma yahu 10, W 1
yapmak 4, W 1; 5, W 1
yaprak 3, W 1; 5, W 1
yar 3, W 1; 6, W 1
yarar 8, W 1
yardımcı 3, W 1
yardımcı olmak 3, W 1
yara 10, W 1
yarı 5, W 1
yarmak 10, W 1
yasa 10, W 1
yasal 10, W 1
yaş 6, W 1
... yaşındaki 10, W 1

yatırmak 4, W 1
yayın 1, W 1
yayınlamak 3, W 1
yazdırmak 4, W 1
yazgı 10, W 1
yazı 1, W 1; 7, W 1
yazı makinesi 1, W 1
yazı masası 1, W 1
yazıcı 10, W 1
yazılı 10, W 1
yazın 10, W 1
yazınsal 10, W 1
yazışmak 3, W 1
yazıt 10, W 1
yazlık pabuç 9, W 1
yedirmek 4, W 1
yemek masası 1, W 1
yemek tarifi 3, W 1
yemin 7, W 1
yemin etmek 7, W 1
yemyeşil 3, W 1
yeni 3, W 1
yeniden 3, W 1
yenilgi 2, W 1
yenilenme 10, W 1
yenilmek 3, W 1
yenmek 3, W 1; 6, W 1
yepyeni 3, W 1
yer 3, W 1; 8, W 1
yer almak 8, W 1
yerinde 4, W 1
yerleşmek 1, W 1; 9, W 1
yerli 5, W 1
yersiz 6, W 1
yeşermek 10, W 1
yeşilimsi 3, W 2
yeşilimtırak 3, W 1
yeterince 8, W 1
yetersiz 9, W 1
yığın 8, W 1
yıkanır 3, W 1

yıkanmak 3, W 1
yıkanmaz 3, W 1
yıkatmak 4, W 1
yıkmak 3, W 1
yıldız 8, W 1
yırtık 3, W 1
yırtık pırtık 3, W 1
yiğit 8, W 1
yolcu 2, W 1
yoldaş 10, W 1
yollamak 7, W 1
yoluyla 4, W 1
yormak 10, W 1
yorulmak 6, W 1
yön 10, W 1
yufka 3, W 1
yukarı 4, W 1
yurt 7, W 1
yusyuvarlak 3, W 1
yuvarlak 3, W 1
yükseklik 2, W 1
yükselmek 10, W 1
yürüyerek 5, W 1
yürüyüş 8, W 1
yüzde 5, W 1
yüzde yüz 5, W 1
yüzgeç 10, W 1
yüzme 8, W 1
yüzsüz 6, W 1
yüzük 1, W 1

Z

zaman zaman 3, W 1
zarfında 1, W 1
zavallı 2, W 1
zenginlik 10, W 1
zevk 9, W 1
zeybek 3, W 1
zil 3, W 1
zorlamak 10, W 1
zorunlu kılmak 10, W 1